公民投票理論
與台灣的實踐

The Theories of Referendum and
Their Practices on Taiwan

曲兆祥◎著

序

　　公民投票這種直接民主的民主形式，因為它直接訴諸人民的意願，可以彌補別人為自己做出政治選擇的缺憾，進而滿足自己當家作主的原始慾念。所以公民投票的概念和制度，對人類而言實在是具有一種「致命的吸引力」。故而遠從幾千年前古希臘的雅典人，使用石子來決定諸如戰爭與和平等重要國家大政，到如今國家規模和人口數早已十百倍於古雅典，但仍然使用現代科技來進行大規模的公民投票，這些在在都顯示出人類追求和喜好公民投票的天性。

　　不過公民投票就像美味的河豚一樣，雖然鮮潤可口，令人垂涎三尺，但如果未經專業廚師的烹調，隨意亂吃是會吃出人命的。所謂：「拼『死』吃河豚」，正是此之謂也。公民投票在本質上就帶有一定的危險性，這是因為政治權利在本質上就有朝少數人手上集中的現象，這種現象政治學者密歇爾將它稱之為「寡頭鐵律」，故而不論是民主政體也好，獨裁或封建政體也好，其實都脫不出這個定律。各位且看民主選舉過程中，所謂人民當家作主之口號漫天價響，但選後人民什麼時候真正的當家作主過？不過這對民主論者來說是很難接受的一種說法，特別是直接民主論者更是難以接受，因此他們希望藉由人民直接參與公共事務的方式來減低政治權力擁有者對權力的壟斷，這就引發出了統治者與被統治者之間的矛盾與鬥爭，甚至於還可能引發某些政治野心家利用公民投票以作為政治鬥爭的有利武器。所以在當代人類歷史上，利用公民投票以迫使競爭對手束手就擒的案例時有所聞，這也就是公民投票經常會蒙上陰影的原因所在。

　　其實公民投票也可以像河豚一樣，只要經過專業手法的處理就可以讓人盡情享用。不過前提必須是大家不能對這個制度有太多的

幻想，也不能有太多先入為主的偏見。我國對公民投票制度的討論，很不幸的就陷入了這樣的情境。所以經過了幾十年的爭論和衝突，終於在民國九十二年底勉強完成了《公民投票法》的立法工作，但是該法是在高度選舉考量的前提之下完成的，因而謬誤連連，實在令人感到遺憾。

　　筆者基於對公投制度的好奇以及個人長久以來對我國民主政治發展的興趣，故而興起撰寫本書的念頭，希冀能有助於國人完整理解公民投票此一直接民主制度。本書撰寫過程中承蒙台灣師大同仁陳文政博士，以及文化大學政治研究所研究生曲家瑜的鼎力協助，在此謹致以誠摯的謝忱。另外，本書的撰寫主要是完成於筆者任教於文化大學期間，對於同仁們所給予的協助和方便，在此一併致謝。特別是文大張鏡湖董事長多年來給予個人的提攜，更是令我銘感五內。另外，本書得以突破出版上的市場考量，主要是得力於揚智出版公司葉忠賢總經理的慷慨協助，在此謹致以萬分的謝意。不過本書在撰寫過程中適巧趕上公投議題在國內的爭論熱潮，公投法也剛好進入立法程序。好不容易等到九十三年總統大選落幕，正待最後定稿之際，立法院又提案將「修憲公投」入憲，這又迫使本書必須要做相對應的修改。所以本書的撰寫過程可謂是一波三折，同時這也可以反映出我國目前的政治發展特色，那就是快得令人目不暇接。不過也正是為了適應這種改變的速度，筆者雖盡力趕上，唯恐仍有未逮之處，故自忖謬誤難免。懇祈學界先進、同仁不吝賜教指正，以為日後修正時之參考。

曲兆祥　謹識

民國九十三年十月

目　錄

第一章　緒論

第一節　研究動機與目的

　　公民投票議題在我國政治學界與政治實務界一直存在著極大的爭議，支持者認為這個權利是人民與生俱來，不可或缺的權利。孫中山先生在其民權主義的主張中明白指出人民擁有選舉、罷免、創制、複決四個「政權」，其中創制與複決權其實在本質上就是公民投票權。然而，反對者卻認為公民投票此種直接民權恐會危及我國初創的民主政治，尤其對代議民主有很大的威脅。更何況，公民投票在世界各國的實踐中，實不乏獨裁者藉此實行獨裁之實的例子，德國的希特勒（Adolf Hitler, 1889-1945）就是最佳例證。

　　這種矛盾已經存在於我國多年，一直難有定論。而近十餘年來，由於我國民主政治的改革步調加快，有關直接民權的爭論因此而更加的激烈。尤其我國特殊的國家處境所伴隨之國家認同危機，因而產生以公民投票的方式來加以解決的壓力，因此有關公民投票的爭論，更是甚囂塵上。

　　本書基於在理論上了解公民投票制度的動機，針對公民投票的理論、概念定義、性質、種類以及各類公民投票在法理上的問題，進行理論性的研究。同時，我國「公民投票法」（以下簡稱公投法）在歷經十餘年的爭論後，終於在2003年年底正式完成立法的工作，並於2004年3月20日與第十一屆總統選舉同時舉行了第一次具有法律依據的公民投票。不過，正是因為公投法是在總統大選前的政治高度敏感期間內完成立法程序的，因此政治考量的成分過高，導致

公投法問題叢生。行政院雖曾於公投法完成三讀後依憲法之規定移請立法院覆議，然而終因政治因素而遭否決。所以我國目前之公投法仍呈現出問題叢生，甚至於有可能是窒礙難行的狀態。

　　筆者本於對公民投票主題研究的興趣，以及長期關懷台灣民主政治發展的初衷，撰寫本書。筆者的研究動機有下列幾點：

一、釐清公民投票理論上的爭論，並試圖為公民投票理論找尋出路

　　公民投票理論的發展可以說起源甚早，但是基本上都是屬於規範性質（normative）的哲學討論，所以理論家個人的理想性成分遠多於以實務為基礎的經驗性研究。公民投票的經驗性研究多產生於1970年之後，且在1990年之後才逐漸出現比較大量的研究成果。所以公投理論基本上是處於以規範性研究和理論家的理想為主的局面。這種理論特徵很容易出現爭論現象，因為持不同政治價值觀的論者就可能會對公民投票制度有不同的評價。例如美國學者巴柏（Benjamin R. Barber）基於對代議民主的不滿所以極力推崇直接民主。相對的，熊彼得（Joseph Schumpeter）則基於他在奧地利眼見希特勒濫用公民投票的經驗而對公投制度充滿了不信任感。所以公投理論一如公投實務一般，充斥著矛盾與衝突。

　　本書的態度則採取調和兩種不同立論基礎的立場，試圖在矛盾、對立的理論中找到調和的出發點。希望為公投理論的發展找出可行性較高的出路。當然，以一本書的力量不可能導引整個公投理論的發展方向。所以只能說筆者希望透過本書發揮拋磚引玉功能，激發更多學界同仁，一起朝此方向努力。

二、整理各國公投制度，以作為我國參考

　　公民投票在全世界已有將近四分之一的國家採用過，其中大約有二十餘國已建立穩定的公投制度。不過這些以歐洲地區為主的國家，在公投制度的設計上還是存在著相當的差異性，如建立公投制度最久，也是舉辦公投頻率與次數最高的瑞士，與政治制度和憲政體制都相當完整的德國之間的差異就相當的大。瑞士幾乎沒有不能舉辦的公投議題，而德國則只允許地方性（各邦）公投。對這麼多的公投制度種類進行整理，以歸納出一些主要的制度種類，這是筆者撰寫本書的一項動機。希望藉著這些既有的制度種類，讓我國初起步的公投制度能有一些參酌的對象。同時，筆者尤其希望能藉著本書，讓一些初學政治學的年輕學子能對各國公投制度有一個輪廓性的了解，以作為他們進一步學習和研究的基礎。

三、點出公投理論和制度的盲點與闕失，並試圖找出解決途徑

　　公投理論與制度都存在著相當多的盲點和闕失，這與前述公投理論中充滿了理論家的價值偏好與理想有著密切的關係。本書在各章的討論中，都將討論這些問題，尤其在第四章中，筆者將從法律的制度層面專門討論這些理論盲點與制度闕失。討論這些問題的目的是希望以這些盲點和闕失為基礎，試圖找出理論或制度的彌補方法，以使公投理論與制度更趨完善。

四、分析我國公投法的問題，以作為未來修法的參考

　　我國公投法雖已完成立法工作，並且也已經實施。但是，基於前述之原因，目前存在著相當多的問題。其中有違憲的疑慮、法條

之間的相互扞格、機構設置的爭議乃至公投提案權的爭奪等等，在在都會造成公投法實施的困難。本書第五章將就這些問題進行討論，並且針對這些問題提出具體的解決建議，希望能為將來的修法工作提供一些參考。

　　筆者個人投入政治學、憲法學的教學與研究工作已有十餘年，期間並曾當選第三屆國民大會代表，因此親身參與過三次的修憲工作。尤其當時因為擔任黨團的幹部，故有機會親自參與修憲過程中最具關鍵性的政黨協商和國家發展會議（1996）。透過這些教學與實務參與的經驗，筆者有機會觀察甚至參與促進台灣民主發展的工作。而在參與1997年的修憲過程中，筆者注意到了公投議題在未來台灣政治發展過程中將會扮演相當重的主導議題角色。自此筆者即開始研究該議題的過程。而今證諸台灣地區在過去六年多的實際政治發展過程，也確實證明了公投議題在台灣的重要性。現在筆者將過去多年研究此一主題的一些心得整理出來，提供各界能人志士們參考。希望此書能對台灣的民主發展多少有那麼一點小小的貢獻，因為這畢竟是筆者個人最大的關懷。

第二節　文獻探討

　　有關公民投票的文獻，在國內所能看到的中英文材料大體上還算豐富，筆者個人因受限於對歐洲語文的生疏，因而無法直接接觸實施公投制度最具經驗的歐洲國家的一手資料，這個缺憾只得依靠英文版書籍或期刊中所介紹的歐洲經驗予以彌補。其次，筆者在論述有關公民投票的理論和實務的相關文獻之前須做說明的是，以下所論述之著作，筆者選擇的標準是與本書主題直接相關者，如為間接相關或部分相關者則不予論述，以節省篇幅，同時也避免本書主題被模糊掉。

英文版有關公民投票理論介紹及討論的專書，主要的有八本，其中兩本就是David Butler 和Austin Ranney合編的，除了1994年的（*Referendum Around the World: The Growing Use of Direct Democracy*）版本之外，1978年他們兩人也一起編著了第一本有關公民投票的實踐與理論的書籍，1994年的那本在性質上應屬第一本的補篇，不過他們二人在二版的序言當中特別強調，1994年版的內容絕不只是1978年版的補遺而已，而是約集新的作者從更廣的面向去了解世界各國有關公民投票的制度實踐和理論的建構。透過這兩本書，基本上自1926至1993年，世界各主要實施公民投票的國家大體上都在作者們的觀察與研究之中。

筆者個人認為，該書是研究公投議題最主要的入門書，特別是1994年的版本。該書介紹了歐洲（主要是西歐）、美國、澳洲等國家的公投制度，尤其該書的附錄裡面擺了自1793至1993年兩百年以來各國舉辦之公民投票表，這對吾人了解各國的公投歷史幫助極大。而且該書在探討公投的內容上也相當的深入，故而筆者個人十分推薦此書。該書目前國內有翻譯版問市。

其次，Michael Gallagher和Pier Vinceuzo Uleri在1996年所出版的（*The Referendum Experience in Europe*）一書。該書基本上完整介紹了歐洲實施公投制度國家的經驗，也探討了這些國家實施公投制度所碰到的問題，稱得上是一本探討公民投票制度的權威著作。不過該書基本上是以西歐國家的經驗為主，因此在研究範圍上受到了一些限制。

Maija Setälä在1999年由麥米蘭圖書出版公司（Macmillan press Ltd.）出版了（*Referendums and Democratic Government: Normative theory and the Analysis of Institutions*）一書，該書係作者在倫敦政經

學院的博士論文，就瑞士、瑞典與丹麥的公投制度，分析其問題，同時也就公投理論作全面性的理論分析與討論。該書在理論上與制度檢討上是一本頗具深度的好書，不過該書因為討論問題時所用的分析模式與方法論十分艱澀，因而對初學者而言有些難以入手，但是對嫻熟邏輯分析和研究方法的讀者而言，卻是一本非常好的書。本書目前國內有翻譯本問市。

Matthew Mendelsohn 和 Andrew Parkin 在 2001 年於英國由 Palgrave 公司出版了由他們兩位編著的（*Referendum Democracy: Citizens, Elites and Deliberation in Referendum Campaigns*）一書。此書收錄了十一篇由 Queen's University 民主研究中心所舉辦的一場公民投票研討會的論文，再由兩位編者合寫了一篇序論。該書針對西歐、北美和澳洲等十幾個採取公民投票制度的國家，實施公投所面臨的問題和所造成的影響進行了相當廣泛的討論。從民意對公投的態度、公投對政黨的影響、直接民主對代議政治的制度衝擊，到政府提案公投對民主的影響等議題，幾乎全都涉及。所以可以說是一本探討公投制度及其對民主影響的好書。不過該書因為是學術研討會的論文集性質，因此議題太多，導致主題有些模糊。也就是說，此書雖都是討論公投議題，但幾乎涉及了公投所有面向的問題，以致於焦點反而有些模糊。

David Magleby 則在 1984 年由美國 Johns Hopkins 大學出版了一本（*Direct Legislation: Voting on Ballot Propositions in the United States*）。該書主要介紹美國各州實施公投的情形與問題。書中附有很多的統計圖表，對吾人了解美國各州實施公投的情形，幫助很大。另外，Magleby 在 1994 年又寫一篇與此書主題十分相近的文章，並被 Butler 和 Ranney 收錄在 1994 出版的前書當中。可見得 Magleby 是現今美國研究公投議題的學者當中，相當具有權威性的一位。吾人想了解美國的公投情形，本書為必讀的材料。

　　除了前述的六本英文書籍之外，Thomas Cronin 於1989年由美國哈佛大學出版的（*Direct Democracy: The Politics of Initiative, Referendum and Recall*），也是一本研究直接民主非常重要的著作。該書對美國及歐洲國家的創制與複決制度做了相當深入的分析，並且對美國政治引用創制和複決機制的問題和理想做了極為深入的討論。可以說是除了 Magleby 之外，美國另外一位研究全美各州公投極具權威性的一位學者。此外，Benjamin Barber 在1984年由美國加州柏克萊大學（Berkeley, University of California press）出版的（*Strong Democracy: Participatory Politics for a New Age*）一書，也是一本探討參與式民主非常重要的書籍。巴柏是美國進步主義運動中極具代表性的學者，他在本書中對美國政府與政治做了十分深入且鞭辟入裡的批判。正因為他對美國現實的政治不滿，所以他極力主張公民直接參與式的政治模式，是一本極具政治理想性格的書。不過也正因為該書的強烈理想性和批判性，所以書中也出現不少值得爭論的問題，但這本書確實是一本發人深省的好書。

　　至於中文專書部分，國內有關公民投票的理論書籍，基本上十分的欠缺，這也是筆者出版本書的重要原因之一。目前中文書籍部份，除了翻譯性書籍之外，幾乎都是編著期刊文章的組合，鮮有完整性的論著。此外，由於本書是國內在公投立法之後出版的第一本專書，因此有專門針對公投法討論的專章。這一部分可能是目前國內有關公投專書中唯一的一本。

　　在英文期刊部分，與公民投票相關的文章數量上相當的多，如果筆者對此做全面性的討論，將會佔據太多的篇幅。再說有部分雖與公投主題相關，但卻是比較瑣細的文章，如果此處做過多的處理，恐會造成本書主題的模糊。所以此處筆者只挑選與公投理論或與本書主題直接相關的部分做簡略的介紹，其中有一些主題完全類

似的，筆者僅以個人觀點，挑選最具代表性的幾篇著作，予以介紹。下面先列舉這些文章：

1.Achen, Christopher H.(1975)'Mass Political Attitude and Survey Response,' *American Political Science Review*, 69: 1218-37.

2.Archbold, Claire (1999) 'The Incorporation of Civic and Social Rights in Domestic Law,' Paper prepared for the UN University Project on *The United Nations System in the 21st Century: Human Rights*, Princeton University.

3.Austin, John, David Butler, and Austin Ranney(1987) 'Referendums, 1978-86,' *Electrol Studies*, 6(2): 139-47.

4.Barker, Lynn(1991)'Direct Democracy and Discrimination：A Public Choice Perspective,' *Chicago-Kent Law Review*, 67: 707-35.

5.Barber, Benjamin(1988)'Participation and Swiss Democracy,' *Government and Opposition*, 23(1): 31-50.

6.Bell, Derrick A. Jr.(1978)'The Referendum: Democracy Barrier to Racial Equality,' *Washington Law Review*, 54: 1-29.

7.Bennett, Stephen (1998) '"Know-Nothings" Revisited: The Meaning of Political Ignorance Today,' *Social Science Quarterly*, 69: 476-90.

8.Bowler, Shaun, Todd Donovan, Max Neiman, and Johnny Peel(1999) *Elite Attitudes about Direct Democracy*. Paper presented at the annual meeting of the Western Political Science Association, Seattle.

9.Brams, Steven D., Marc Kilgour, and William Zwicker(1997), 'Voting on Referenda: The Separative Problem and Possible Solutions,' *Social Choice and Welfare*, 16(3): 359-77.

10.Brams, Steven D. Marc Kilgour, and William Zwicker (1998) 'The Paradox of Multiple Elections,' *Social Choice and Welfare*, 15(2): 211-36.

11.Camobreco, John F. (1998) 'Preferences, Fiscal Policies, and the Initiative Process,' *Journal of Politics*, 60: 819-29.

12.Chambers, Simone (1998) 'Contract or Conversation ? Theoretical Lessons from the Canadian Constitutional Debate,' *Politics and Society*, 26(1): 143-72.

13.Derrida, Jacques (1986) 'Declaration and Independence,' *New Political Science*, 15: 7-15.

14.Donovan, Todd, Shaun Bowler, (1998) 'Direct Democracy and Minority Rights: An Extension,' *American Journal of Political Science*, 42: 1020-5.

15.Eule, Julian (1990) 'Judicial Review of Direct Democracy,' *Yale Law Review*, 99: 1504.

16.Frey, Bruno, and Lorenz Goette (1998) 'Does the Popular Vote Destroy Civil Right?' *American Journal of political science*, 42: 1343-8.

17.Galligan, Brian (1998) 'The Constitutional Convention I: The Republic Model,' *Quadrant*, 42(4): 17-21.

18.Galligan, Brian (1999) ʻThe Republican Referendum: A Defense of Popular Sense,ʼ *Quadrant*, 43: 46-52.

19.Gamble, Barbara (1997) ʻPutting Civil Rights to a Popular Vote,ʼ *American Journal of Political Science*, 41: 245-69.

20.Gerber, Elizabeth (1996) ʻLegislative Responsiveness to the Threat of Popular Initiatives,ʼ *American Journal of Political Science*, 40: 99-128.

21.Hirsch, Allen (2002) ʻDirect Democracy and Civic Maturation,ʼ *Hastings Constitutional Law Quarterly*, 29: 185-92.

22.Lascher, Edward L., Michael Hagen, and Steven Rochlin (1996) ʻGun Behind the Door-Ballot Initiatives, State Policies and Public Opinion,ʼ Journal of politics, 58(3): 760-75.

23.Miller, David (1992) ʻDeliberative Democracy and Social Choice,ʼ *Political Studies*, XL: 60-74.

24.Miller, Kenneth P. (1999) *The Role of the Courts in the initiative Process*: *A Search for Standards*. Paper presented at the meeting of American Political Science Association, Atlanta.

25.Rappard, William E. (1912) ʻThe initiative, Referendum and recall in Switzerland,ʼ *American Political Science Review*, 6(3): 345-66.

26.Smith, Daniel (1999) *The Initiative to Party: The Pole of Political Parties in State Ballot Initiatives*. Paper presented at the annual meeting of the Western Political Science Association, Seattle.

27.Smith, Gordon (1976) 'The Functional Properties of the Referendum,' *European Journal of Political Research*, 4(1): 31-45.

28.Smith, Mark A. (1999) *Ballot Initiatives, Voter Interest, and Turnout*. Paper presented at the annual meeting of the Western Political Science Association, Seattle.

29.Steunenberg, Bernard (1992) 'Referendum, Initiative, and Veto Power,' *Kyklos*, 45(4): 501-29.

30.Sunstein, Cass (1984) 'Naked Preferences and the Constitution,' *Columbia Law Review*, 84: 1689-733.

31.Swaine, Michael (2004) 'Trouble in Taiwan' *Foreign Affairs*, 83(2): 39-49.

32.Van Mill, David (1996) 'The Possibility of Rational Outcomes from Democratic Discourse and Procedures,' *Journal of Politics*, 58(3): 734-52.

33.Walker, Geoffrey de Q. (1988) 'The people's Law: Initiative and Referendum,' *University of Queensland Law Journal*, 15(1): 33-45.

以上這些英文期刊，基本上是筆者挑選過且對公民投票研究來說十分重要的一些參考資料。當然其中掛一漏萬的情形是在所難免的。以下筆者將之分成三類，予以簡單說明：

第一類是有關公民投票的定義和觀念的討論者，大約有Geoffrey Walker在1988年於昆士蘭大學法學季刊所刊出之'The

People's Law'等十五篇。這些專論，基本上對公投概念和理論均有很深入的介紹。其中Steven Brams等人於1998年在《福利與社會選擇》季刊中所撰寫的＜多重選舉的矛盾＞一文，筆者認爲是非常經典的一篇作品。文中Brams等人將公民投票與一般公職人員選舉同時並存的矛盾和問題分析的相當透澈。他特別指出公投制度可能會威脅代議民主的運作，但是在民智已開的西方社會裡人民對代議士的信任感已急遽降低，因此實施公投制度已經是挽救代議政治必須走的路了。與Brams等人有相同見解的學者相當的多，在本節所列之文章中就有Stephen Bennett、Todd Donovan、Bruno Frey、Brian Galligan、Elizabeth Gerber、Barbara Gamble、Allen Hirsch、David Miller、Simone Chambers等多人。這些專文的可讀性都相當的高。不過各篇文章都還是各有切入討論的角度，故其討論的焦點基本上還是多樣的。

　　第二類是探討公民投票對少數權利、民主機制是否會造成傷害的問題，以及公民投票制度的憲法和其他法律問題。這一部分西方政治學會1999年在西雅圖舉行的年會中，就是討論主題。其中Shaun Bowler、Todd Donovan、Denial Smith以及Mark Smith等人都有很精采的論文。此外，Claire Archbold、Lynn Barker、Derrick Bell、Bruno Frey等多人都對公投與少數權利之間的關係多所討論。一般來說公民投票可能會對直接民權形成傷害，這是不少論者的質疑。因爲公投制度基本上是讓人民直接參與公共事務的抉擇。因此在多元社會裡，特別是異質性高的多元社會中，居於多數的群體有可能會對少數群體形成多數專制（majority tyranny）的現象。這種少數基於自保的質疑，當然有其根據。但是也有論者認爲，如果法律規範得宜且法治精神足夠，其實透過司法制度對少數的保障，公民投票未必能夠爲所欲爲。故而不必太過憂心。筆者發現，持此看法的學者多數是法學學者，他們或許是基於對司法的信心因

而對公投有一種「致命的樂觀」。相對的，政治社會學學者則對此稍有保留。這一點是很有意思的現象，值得我們大家再多做思考。

第三類則是一些各個國家實施公民投票的介紹和討論，此一部分筆者挑選的較少，原因是案例實在太多，不可能全部蒐羅齊備，所以僅收集了瑞士、加拿大和美國少數幾個州的情形做為代表。不過筆者特別選了一篇刊登在2004年《外交季刊》上刊登的一篇由Michael Swaine所撰寫的＜台灣的麻煩＞專文。其實本文與公投議題並無太直接的關係，應該是一篇屬於國際政治專題的論文。但文中涉及了我國目前的國際處境，特別是陳水扁總統想以公民投票方式來處理政治問題的模式，可能引發國際衝突的隱憂，Swaine做了很多的討論。而該文與本書主題相關，所以筆者特別將之選出來供讀者參考。

中文期刊部分，如果相對於中文專書則有比較多的成果。筆者此處採取與處理英文期刊一樣的方式，先列舉經過筆者挑選過的主要中文期刊，然後再做分類的簡單討論。

1.石之瑜，＜壓迫性的自由主義—公民投票的政治涵義與制度之安排＞，《中國戰略學刊》，第一卷，第一期，民87年6月，頁19-44。

2.李念祖，＜從現行憲法規定論創制、複決之種類及其憲法基礎＞，《憲政時代》，第二十七卷，第二期，民90年4月，頁3-21。

3.李明峻，＜國際公法與公民投票問題＞，《新世紀智庫論壇》，第二期，民87年5月，頁65-79。

4.李俊增，＜公民投票之理論與實踐＞，《憲政時代》，第二十三

卷，第一期，民86年7月，頁35-52。

5.吳志光，〈公民投票與司法審查〉，《憲政時代》，第二十七卷，第二期，民90年4月，頁49-64。

6.吳烟村，〈公民投票平議〉，《中山人文社會科學期刊》，第三卷，第一期，民83年6月，頁195-215。

7.法治斌，〈直接民主v.司法審查〉，《憲政時代》，第二十七卷，第二期，民90年4月，頁64-73。

8.徐永明，〈公投民主與代議民主的關係—以台灣經驗為例〉，《臺灣民主季刊》，第一卷，第二期，2004年6月，頁1-26。

9.陳志瑋，〈三二〇公投與台灣政治發展分析〉，《臺灣民主季刊》，第一卷，第二期，2004年6月，頁43-72。

10.陳英鈐，〈公民投票法的制度設計〉，《臺灣民主季刊》，第一卷，第二期2004年6月，頁73-94。

11.陳淳文，〈法國公民投票制度簡介〉，《憲政時代》，第二十一卷，第四期，民85年4月，頁85-109。

12.許宗力，〈憲法與公民投票—公投的合憲性分析與公投法的建制〉，《新世紀智庫論壇》，第二期，民87年5月，頁35-51。

13.許宗力，〈公民投票入憲的評估與建議〉，《新世紀智庫論壇》，第六期，民88年6月，頁16-26。

14.張臺麟，〈法國第五共和實施公民投票之研究〉，《問題與研究》，第三十九卷，第十二期，民89年12月，頁25-40。

15.曹金增，〈公民投票之理論〉，《憲政時代》，第二十八卷，

第二期，民91年10月，頁38-57。

16.湯紹成，＜德國公民投票制度的發展＞，《問題與研究》，第三十八卷，第三期，民88年3月，頁33-43。

17.湯紹成，＜從直接與間接民權的角度檢視瑞士與法國的公民投票制度＞，《問題與研究》，第三十九卷，第二期，民89年2月，頁67-78。

18.彭堅汶，＜公民投票與台灣地區的憲政發展＞，《中山人文社會科學期刊》，第八卷，第一期，民89年6月，頁1-34。

19.黃偉峰，＜由國際經驗看公民投票＞，《新世紀智庫論壇》，第二期，民87年5月，頁19-34。

20.葉俊榮，＜公民投票在台灣的實踐＞，《新世紀智庫論壇》，第二期，民87年5月，頁52-64。

21.葉俊榮，＜公民投票入憲的範圍與必要性＞，《國策月刊》，民88年3月，頁12-14。

22.董保城，＜創制複決法草案與公民投票之探討＞，《憲政時代》，第二十七卷，第二期，民90年10月，頁93-101。

23.蔡佳泓，＜試析公民投票對政治與政黨體系之影響＞，《臺灣民主季刊》，第一卷，第二期，2004年6月，頁27-42。

24.謝復生，＜公民投票：主權在民的體現或民粹主義的濫用＞，《問題與研究》，第三十五卷，第七期，民85年7月，頁38-46。

25.鍾凱勳，＜論公民投票法制度化之技術性難題＞，《植根雜

誌》，第十七卷，第十一期，民90年11月，頁15-40。

26.蘇永欽，＜創制複決與諮詢性公投─從民主理論與憲法的角度
　　探討＞，《憲政時代》，第二十七卷，第二期，民90年10月，
　　頁21-49。

　　與英文期刊的介紹一樣，筆者將主要中文期刊的專論也分成三
類來討論。

　　第一類為討論公投理論與類型概念的專文，這類期刊文章約有
石之瑜的＜壓迫性的自由主義─公民投票的政治涵意與制度之安排
＞等十篇。這十篇文章有部分比較肯定公投制度，有些則質疑公投
制度，但不論立場為何，他們的重點基本上都在討論公投理論與概
念，其中也多少都會涉及我國實施公投的意義和可能遭遇的問題；
文中也引用了各國實施公投制度的經驗以為借鏡。其中筆者以為石
之瑜、謝復生以及李俊增的專文比較全面性的介紹公投的概念與問
題，對讀者理解公投制度較有幫助。

　　第二類則為討論公投制度的憲法基礎或是其他的法律問題，這
部分的文章筆者個人以為這是國內討論公民投票制度問題當中最精
采的部分。筆者在本節所選取的代表性專文中，屬於此類的大約有
許宗力的＜憲法與公民投票─公投的合憲性分析與公投法的建制＞
等十篇。這十篇文章大都探討公投制度與憲法在法理上的相容性以
及公投的憲法限制，也涉及公投與司法審查之間的關係，這些文章
也幾乎都涉及我國公投立法的問題，其中筆者個人十分推薦蘇永
欽、法治斌、許宗力以及董保城等人之專文。這些文章基本上將公
投與憲法、公投與權力分立等觀念分析的非常清楚。其中法治斌的
＜直接民主 v. 司法審查＞一文所提出的有關直接民主的法律限制觀
念十分精采，是研讀公投法制主題不可不讀的精采專文。

　　第三類則是實施公投的各國制度介紹，以及專門討論我國公投制度的專文，這部分筆者還是基於選取代表性著作的做法，只選擇了湯紹成、張臺麟、陳淳文以及葉俊榮等人的七篇專文，其中涉及法國、瑞士、德國以及我國的公投制度。這一類的專文與英文期刊相較，顯然國內學者對這一部分的研究興趣較低，所以專門針對單一國家或單一公投個案作深入研究的比例不高。這一個部分的中文資料大都得倚靠英文書籍的中文譯本來取得，可是相關中文譯本的品質卻又參差不齊，有少部分譯文甚至完全錯誤，所以仍有待學界同仁繼續努力。

　　接著，在有關公民投票的學位論文上，其成果相對豐碩，尤其是近幾年的研究，已有博士論文產生，所論及的公民投票理論，在政治學與憲法學的領域裡，都有不錯的成績。不過嚴格的說，在深度上以及分析的層次上，仍有繼續努力的空間。其中，中山大學曹金增的博士論文已出版，這本博士論文是截至目前為止，國內有關公民投票之研究的第一本博士論文，本節中已做過介紹。其他的學位論文都是碩士論文，其中鍾凱勳於2001年在台北大學法律研究所所提出之《從權分立原則論公民投票法制之建構》碩士論文，是國內少數法律研究所研究生就公民投票法制化議題所提出之論文。該論文就我國公投法制化作了相當不錯的分析和建議，可以說是我國公投立法前就此一議題做過深入分析的一篇不錯的學位論文。此外，淡江大學歐洲研究所蔡彥廷於1995年提出之《西方國家公民投票之研究—就法治規範與政治裁量類型析論之》；東海大學政治研究所陳永芳於1998年提出之《公民投票與民主政治之發展：我國實施公民投票之研究》；台灣大學國家發展研究所蔡季廷於2002年所提出之《論台灣公民投票之法制化問題—以Robert Dahl民主程序標準為中心》等三本論文都有不錯的表現。

第三節　研究途徑、研究方法與分析架構

一、研究途徑

本書以比較研究途徑（comparative approach）為主要的研究途徑。亦即本書主要在三個面向（aspects）上進行比較研究：

1. 在公民投票的理論研究中，各國學者的理論建構情形為何？本文比較了歐洲、美國及我國學者的看法，進而提出歸納的結論。

2. 在各國公民投票的制度實踐中，有哪些相似或相異之處？從這些相近似或差異之處，歸納出隱身於制度背後的理論基礎，進而歸納整理本書所欲探究之公民投票的定義、性質與種類。

3. 在各國有關公投制度的法律規範中，有何相似與差異之處？並且以這些規定的不同分析各國對公投觀念的差異，並以此為分析我國公投法的法理基礎。

基於以上三個面向的比較基礎，以及歸納各國制度的經驗和法律的規範，再對我國公投法進行分析與建議。所以本書可以說是在比較政治的研究途徑下，進行跨國的比較分析，最後再以此做為分析我國公投法各項問題的依據。

二、研究方法

本書在比較研究途徑下，使用如下之研究方法（research methods）：

（一）　文獻研究法

　　本書引用美、歐及我國討論公民投票理論及實務的相關專書、期刊論文、學位論文等文獻資料，並予以歸納整理。相關資料請參閱本文所附之參考文獻。

（二）歸納法

　　本書爲整理各國制度及各國學者對公民投票之設計及主張，進而歸納出本書對公投的定義、性質與種類的建議，在過程中使用最頻繁的研究方法即爲歸納法。

（三）演繹法

　　本書在運用歸納法整理各國制度及學者主張的過程中，爲確切了解其意義，以及衍生出筆者之詮釋，運用演繹法爲本文所使用的基本方法之一。

三、章節安排與分析流程

　　本書的章節安排與分析流程，筆者將之製作成圖1-1。亦即，除本章與第六章結論之外，本書的實質內容分成以下四章，來進行分析與討論。

　　第二章主要討論公民投票理論的來源、內容和發展過程。本章的目的是在於使讀者了解公民投票的基本概念，以及公民投票理論從古希臘、古羅馬經過文藝復興的啓蒙運動時期到近代民主理論的興起，最後發展到現代民主理論的過程中，公民投票理論的發展歷程和實質內容爲何。

　　第三章則討論公民投票概念的定義與制度種類。本章的目的爲基於第二章有關理論的分析，進一步使讀者理解吾人現在對公民投票的定義和經常見到的制度種類有哪些。

　　第四章則討論各種不同種類的公民投票制度，它們在實踐上會遭遇哪些問題？而本書所討論的問題，基本上是以法律問題爲主，政治問題爲輔。但不論是哪一類的問題，它們基本上是制度實踐過程中，在實務上或理論上經常或可能會遭遇到的難題。

　　第五章則是我國「公民投票法」（簡稱公投法）的立法過程、主要規定、問題以及筆者個人對將來公投法修法時的具體建議。本章的目的一方面是希望提供讀者了解我國公投法的相關知識與資訊，另一方面則是希望提供立法者將來修法時的實質建議。

圖1-1　本書分析流程圖

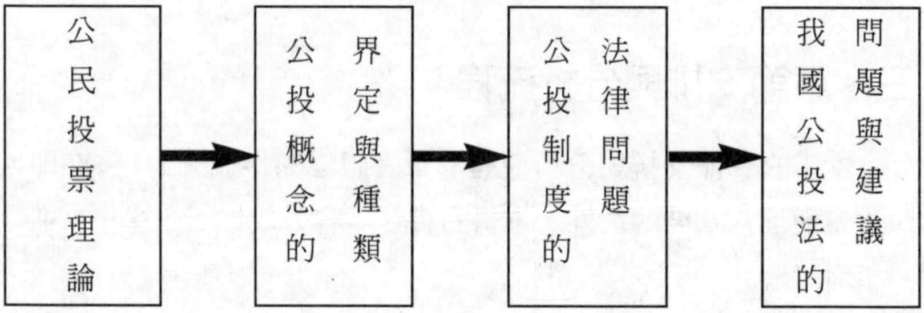

公民投票理論	→	公投概念的界定與種類	→	公投制度的法律問題	→	我國公投法的問題與建議

第二章 公民投票理論的發展

　　遠自古希臘時期，西方的政治思想家如蘇格拉底（Socrates, 469-399B. C.）、柏拉圖（Plato, 427-347B. C.）以及亞里斯多德（Aristotle, 384-322B. C.）等人就有著一種直接民權的思想，他們堅信本於人類的理性（Reason），公民（citizen）可以理解自然的法則，因而可以對公共事務做出最符合國家利益的判斷。因此個人必須要參與公共事務，個人也只有透過公共事務的參與才能臻至於道德的最高境界。亦即，個人只有透過公共事務參與的管道才能使個人的道德與國家的道德達於合一的境界[1]。質言之，公民的直接參與政治事務是必須的理性行為。

　　古希臘這種直接民權思想延續到古羅馬時期，希臘政治思想透過斯多葛學派（Stoic school）延伸至古羅馬。西塞羅（Marcus Tullius Cicero, 106-43B. C.）的自然法（natural law）思想、自然平等觀以及自然的國家觀使其相信人在理性的本質上是平等的，因此在政治地位上也應該是平等的。卡萊爾（Thomas Carlyle, 1795-1881）在其經典名著《西洋中世紀政治理論史》（*A History of Medieval Political Theory in the West*）中說：

> 「假若我們可以把古代的政治理論與近代的政治理論劃一分界的話，我們一定是在亞里斯多德與西塞羅之間。這種分界上最明顯的理論莫如他們討論人類平等的問題」[2]。

---

[1] 國立編譯館編著，《西洋政治思想史》，台修訂七版（台北：國立編譯館出版，正中書局印行，民國66年10月），頁34-44。

[2] 同前註，頁62。

西塞羅是羅馬共和時期的思想家，及至羅馬帝國時期，塞尼加（Marcus Tullius Cicero, 106-43B. C.）可以說是集斯多葛學派思想之大成的晚期學者。塞尼加雖有著斯多葛學派那種崇尚自然與避世的思想，但他也同時認為：「人類是社會的動物，生而謀社會的公益。所以仁愛與幫助他人是做成一個人的幸福生活的重要條件」[3]。正因為塞尼加一方面相信人類的自然平等，另外一方面他又認為人是社會的動物，理應為謀社會公益而努力。因此在平等的基礎上於必要時參與公共事務，這是塞尼加所堅信的原則。

文藝復興（Renaissance）之後，西方政治思想從宗教的桎梏中解放出來，重新嚐到人的滋味的思想家們在思想上重新回到自然法的思想裡找尋人的定位。在霍布斯（Thomas Hobbes, 1588-1679）、洛克（John Locke, 1632-1704）和盧梭（J. J. Rousseau, 1712-1778）等人的努力下，西方政治思潮建立起契約論（The Social Contract）的理論體系，他們再度回到自然法的思想裡堅信人的自然平等以及天賦人權，其中尤以盧梭更是堅信直接民權的理念，因而否定在他的時代裡已然建立了的代議政治制度，盧梭還是相信人民直接的政治參與是最好的政治制度，即使在規模幅員已較古希臘時期的城邦國家（city state）大了許多的該一時代的民族國家（nation state）裡，盧梭還是堅定地認為直接民權比代議政治要強許多。

不過生於洛克與盧梭之間的孟德斯鳩（Charles Montesquieu, 1689-1755）卻不認同直接民權的必要性，他更堅信分權（separation of powers）的必要性，他也相信代議政治的優越性，因為只有分權的代議政體才能達成制約政府的權力不致侵犯人民的天賦人權。其他如柏克（Edmund Burke, 1729- 1797）、彌爾（John

---

3 同前註，頁66。

Stuart Mill, 1806-1873），以及較晚近的熊彼得（Joseph A. Schumpeter, 1883-1950）等人基本上都明顯的相信菁英理論（elite theory），因而主張代議政治，與直接民權形成了一種理論上的矛盾關係。

　　1960年代後，西方在快速且全面的工業化、都市化之後，基層的人民從民主政治過程中逐漸疏離出來，產生了一種異化（alienation）的現象，人們對政治事務不是漠不關心就是厭惡排斥，政治人物更是令人作嘔、發噱。在此背景之下一種「參與式的民主理論」應運而生，其實這種理論是對已成當代民主政治主流制度的代議政體的一種反動，他們希望回到直接民權的架構裡運作政治權利。這股風潮最後雖然並未撼動代議政體的優勢地位，不過公民投票的制度被相當程度的引進民主的過程中，這也算是對此風潮的一種回應。1970年代在若干歐洲民主國家和美國部份的州增加使用公民投票的頻率來解決一些政治議題和政治爭議就是最佳例證[4]。

　　總之，公民投票是一種直接民主的思想概念。在西方社會裡它起源甚早，遠自西元紀元前五世紀左右的古希臘的部份城邦國家（如雅典）裡就存在這種思想與制度。公民投票是被統治者制衡統治者的有利武器，因此長久以來它始終是政治思想家們難以忘懷的一種制度利器。文藝復興運動之後，這樣的概念又從中古世紀塵封的桎梏中解放出來，到了十八世紀，它不但是一種理念而且已形成制度，存在於部分歐洲國家。至今此項制度雖或還不是一種普遍存在的主流民主制度，但它的存在已構成當代民主政治過程中不可輕

4 Butler, David & Austin Ranney(eds.), *Referendum Around the World: The Growing Use of Direct Democracy* (Washington: American Enterprise Institute for Public Policy Research. Co., 1994) . pp. 261-262. 亦可參酌 Matthew Mendelsohn & Andrew Parkin eds., *Referendum Democracy: Citizens, Elites and Deliberation in Referendum Campaigns* (NY: Palgrave, 2001) , pp. 3-5.

忽的一部份。下面吾人依據公民投票理論的發展，分別討論其內涵。

第一節 直接民主的理論

何種政體（form of government）最足以實踐民主根本的原則：人民主權（popular sovereignty）、政治平等（political equality）、大眾諮商（popular consultation）、多數統治（majority rule）[5]？這是政治學者們長久以來爭論不休且無一致答案的老問題。但大體上來說，文藝復興之後，也就是大概在十七世紀之後，西方政治理論家對此一問題約略分成兩派。一派可以稱之為直接民主（direct-democracy）派，或者可稱之為參與論者（participationist），他們以古典民主理論的政治思想家盧梭為首，其他如當代學者巴柏（Benjamin Barber）、李奧斯本（Lee Ann Osbun）、派特曼（Carole Pateman）等人都屬此派的學者。他們主張真正的民主必須是由所有的人民直接、完全的參與公共事務的決策。也就是說從公共議題的提出到議程的設定、議題的討論直至最後的決策，都必須由人民直接參與。他們反對任何人民代表的越廚代庖，任何形式的代議民主都是不完全的民主[6]。

直接民主派的主要論據有兩點：第一、公民的理念偏好如果被限定必須由代議士代為表達的話，因為代議士們會有他們自身的偏好，那麼人民的意見可能就會被扭曲。為了防止這種情形的發生以

---

5 有關民主的根本原則政治學者們的論點不完全一致，此處採用 Austin Ranney & Willmoore Kendall, *Democracy and the American Party System* (NY: arcourt, Brace - Jovanovich, 1956) , chaps1-3.的觀點。

6 David Butler & Austin Ranney, op. cit., p. 12.

使最後的政治決策能夠完全依照人民的意見不至於遭到扭曲，就必
須讓人民直接參與政治決策的過程，不能由其他人來代表或媒介。
第二、民主政體與其他任何政體一樣，其本身並不是最後的價值目
的，而是藉此達成其他更高的目標。民主政體更高的目標是要讓每
一位公民都能充分的發揮自我的潛能，所以除非讓公民直接且完全
參與公共事務的決策而非由他人代爲行使權利，否則公民個人的潛
能是無法發揮的[7]。在本書的討論中吾人基本上視公民投票爲直接
民主的主要形式，故而在討論過程中不特別的去區分直接民主與公
民投票。

　　另外一派則可稱之爲代議民主（representative democracy）派，
或可稱之爲負責的菁英（accountable elites）派。他們以彌爾、福特
（Henry Johns Ford）、熊彼得、薛史奈德（E. E. Schattschneider）和
薩托里（Giovanni Sartori）等人爲代表性人物，或許柏克、孟德斯
鳩也可算是他們當中的一員。這派理論家們根本認爲直接民主是一
種夢想，或許在古希臘的城邦國家裡，因爲小國寡民的緣故，還有
可能實施這種直接民主的政治模式。在當代廣土衆民的民族國家裡
要實施這種政治體制根本就不可能。他們甚至認爲這種主張是「與
民主政治毫不相干的一種夢想」而且還是「愚蠢且完全沒必要的」
[8]。由此可見，這兩派之間對直接民主的看法幾乎是毫無交集可
言，而且這種理論上的爭議至今仍然是針鋒相對的狀況。

一、古雅典與古羅馬的直接民主理論

　　不過儘管直接民權的理論仍充斥著爭議，它卻是源遠流長的一
種政治理論，正如前面所述說的，遠在古希臘時期它就已經存在，

---

7 Ibid.
8 David Butler & Austin Ranney, op. cit., p. 13.

而且還形成了古雅典的政治制度。這個政治理論之所以吸引人，原因就在於它是最能貼近民心並且制約政府權力的一種政治制度。尤其是在古雅典的時期，因為國土幅員不大，人與人之間幾乎是聲犬相聞，密切往來，再加上自由民（亦即公民）在蓄奴生產的社會與經濟制度下多有餘暇可以從事公共事務的參與，因此自然形成了直接民主的政治模式。古雅典逐漸沒落之後，代之而起的馬其頓王國取消了雅典的民主制度，直接民主的思想也漸趨沒落，但在斯多葛學派裡，它卻轉變成自然法與自然平等、自然國家觀的形態依舊流傳著。古羅馬興起之後，斯多葛學派反倒成為羅馬思想界的顯學，西塞羅、塞尼加等人將斯多葛學派的政治思想發揮得淋漓盡致。及至羅馬法學家基本確立了人民主權的觀念，亦即「*在自然法的觀念下，人人平等，人人各有其自然權利，那麼人為的實定法也應當予人平等，所以法律之前人人平等，人人亦各有應得之一份權利，此非國家法律所賦予，乃人民所固有，故國家不可壓迫人民，不可剝奪人民應享的權利，皇帝如果侵犯了人民的權利，人民便可以革命，推翻其政權。*[9]」羅馬法學家這種觀點明顯的是受到西塞羅等人自然法思想的影響，而羅馬法是西方最早的成文法法典，這種人民主權的觀點植入羅馬法思想中，其代表性的意義是相當大的。

二、對中古世紀神權思想的反動

中古世紀後政治理論家在思想上逐步擺脫了教會的束縛，但在「權力來源」這個邏輯難題上，這些理論家們必須提出一個合理的說法來填補「神」的位置。在中古世紀的政治理論中，一切權力均源自於上帝。西元第五世紀時，教皇葛雷涉斯（Pope Galesius）的

---

9 林如娜，＜直接民主理論發展之研究—兼論我國二〇〇三年公民投票法＞，國立
　台灣師範大學政治學研究所碩士論文，民國93年6月，頁16。

「兩劍論」（the Doctrine of Two Swords）可以說是最具權威性的詮釋，他在西元494年寫給君士坦丁堡的皇帝安那斯塔涉斯（Anastasius）的信裡說：「世界主要地是受到兩種體系的統治，即教士的神聖威權及皇帝的權力。[10]」這兩種權力即為「兩把劍」，一把握於教皇之手，另一把則握於世俗國家的皇帝之手。這兩把劍究竟誰比誰高？此處我們不去討論它，但很清楚的是這兩劍均是出自上帝的賦予。所以世上之權均源之於神，此種理論即使是到了文藝復興之後依舊主導著西方的政治思想，所謂民族國家君主的權力乃受之於上帝的「君權神授」說，基本上仍是這種理論的衍生。

　　然而，文藝復興前後這套理論終究已無法滿足當時一些政治理論家如脫韁野馬般的政治思維，這些知識份子已無法再受教會那一套有關政治權力乃源於上帝的傳統束縛，他們寧可相信古希臘那些先哲們的理論，政治權力乃源於人民自身，他們更相信西塞羅的自然國家觀，也就是國家的威權與法律乃生於人民的自然需求亦即人民的同意[11]。例如義大利浪人馬希流（Marsillio of Padua）他是教士出身的學者，早在文藝復興之前的十四世紀初葉即已不耐於教會壟斷政治權力的作法，進而主張：「國家的起源是生於眾生對於共同需要的認識，國家存在的目的是因為人類可藉此達到更好的生活。[12]」但在馬希流的年代裡，這種主張還是屬於少數激進派，待等到了霍布斯的時代，這種思想已漸取得主流地位，社會契約論也就應運而生了。

---

10 國立編譯館編著，《西洋政治思想史》，台修訂七版（台北：國立編譯館出版，正中書局印行，民國66年10月），頁78。

11 同前註，頁63。

12 同前註，頁95。

三、契約論與盧梭的全意志

　　霍布斯、洛克與盧梭是組成社會契約論理論的主要政治思想家，他們的理論主張雖然存在著相當的差異性，但也有著相同的大前提，也就是所謂的自然社會、自然權利以及社會契約。他們認為在人類進入政治社會之前存在著一個自然社會，在這個自然社會裡人人都擁有自然權利，所以人與人之間是一種平等的關係。不過正因為在自然社會裡人人是平等的，因此誰也不能強制誰，這在人類社會裡會造成各種各樣的問題，基於這些實質的困難，人類勢必要相互訂定契約放棄一部分的自然權利，然後才能進入政治社會[13]。在契約論這樣的基本假設裡實際上存在著幾個問題：第一，這種假設恐怕與人類社會的演進歷史事實是不相合的。第二，人類為了進入政治社會到底放棄了哪些自然權利，又保留了哪些權利？姑且不論別的學者的主張，光是霍布斯、洛克、盧梭三人的說法就不一致。第三，放棄的權利可否收回？答案也不一致。由此以觀，社會契約論並不是一個有堅實基礎的政治理論，但是社會契約論卻是影響當代民主理論極其深刻的重要理論，其中以「天賦人權」、「人民主權」、「自然權利」「權利平等」等影響最大，進而有關「憲法」、「人權」等等當代民主的重要概念也幾乎全部胚胎於此。

　　在霍布斯、洛克與盧梭三人當中要以盧梭的主張最具影響力。沈清松在〈社約論導讀〉一文中說：「自由、平等是盧梭思考的核心」。盧梭對契約論基本上已不再訴諸神人之間的盟約，也不再重視想像中政治社會的源起問題，他更加重視人出生的平等與自由的

---

13 請參閱 Ernest Barker ed., Introduction, *Social Contract: Essays By Locke, Hume and Rousseau*（London: Oxford University Press, 1947），pp. vii-xliv.

本質[14]。盧梭那句膾炙人口的名言：「人生而平等，但卻處處受到人為鎖鍊的束縛[15]」，同時道出了理想與現實。

　　盧梭反對亞里士多德的「奴隸生而為奴」的主張，他認為人生而平等、自由，除了出生為人而尚須受保護所以需要唯一自然的社會組織－家庭的限制之外，其他任何人為的強制力都是非自然的。他堅信只有個人自己才知道什麼是自己最大的利益，即使是迫於現實必須放棄個人的自由也必須是基於個人對現實的判斷而願意接受的前提之下才能成立。因此就算有些人生而為奴，那也是外在的現實所形成的，不能因此就認定有些人本質上就是奴隸，而另外一些人則本質上就是別人的主人[16]。不過，即使是被後人認定是「自由的使徒」的盧梭也不得不承認「人類有組成集體社會的必要[17]」，其理由不外乎是為了自保（self-preservation）[18]。盧梭這種內在於他理論上的矛盾，其實在他那句膾炙人口的名言裡已經表露無遺。盧梭理論裡最大的一個難題是如何解決既有自由但卻又必須服從的矛盾。為了解決「人人既服從權威而又同時可以得到完全的自由」這個難題，盧梭想出來的辦法是：「每個人都把他自己以及所有的一切權利都讓給全體社會…，每個人都把自己交給全體也就等於並未交給任何人[19]」，這等於是說服從全體就是服從他自己。但何謂全體（community）？全體意志又如何表達？盧梭就以「全意志」（the general will）來解釋這個問題。然而何謂「全意志」，盧梭認為

---

14 沈清松，＜社約論導讀＞，收錄於盧梭原著，徐百齊譯，《社約論》，二版（台北：台灣商務印書館，民國89年2月），頁7-8。

15 Ernest Barker ed., op. cit., p. 169.

16 Ibid., pp. 169-170.

17 國立編譯館編著，前揭書，頁174。

18 Ernest Barker ,op. cit., p. 170.

19 Ibid., pp. 180-181.

凡一個社會或國家中,除個人私自的意志以外,每一個團體還有一種全意志。這種全意志完全在謀整體的利益;最理想的社會或國家應當完全受全意志的統治,大家都應服從這種全意志所立定的法律[20]。這就是說:「全意志必須來自大家全體的公意,並且大家必須有公共的目的,這個目的就是謀社會全體的利益[21]」。另外一方面,所謂的「全意志」與所謂的「總體意志」(the will of all)是不同的概念,「全意志是只顧慮公共的利益」,「總體意志則是部分的私利,所以只是特殊利益的總和」[22],或者說把「總體利益」扣除後,剩下來的就是「全意志」[23]。而「全意志」既是如此的為了公共利益,它當然是絕不可讓渡的(inalienable)、不可分裂的(indivisible)、不會錯誤的(infallible)以及不可破壞的(indestructible)[24]。全意志之所以能有這些特質,就盧梭的觀點來說這是因為他認同人是理性的物種,所以能理解道德。因而盧梭將自由又分成「自然的自由」(natural liberty)與「文明的自由」(civil liberty),前者是人在自然社會裡所享有的無拘無束的自由,後者則是人在有社會契約的政治社會裡所擁有的自由。全意志可以說就是這種符合道德原則所產生的集體意志,而且個人服從全意志就享有文明的自由,服從全意志個人就可達到「從心所欲,不逾矩」的境地。故而對盧梭而言全意志是既屬於整體亦屬於個人的,它是在無私慾的前提下才可能產生的。

不過,即使全意志解決了前述的「既自由又須服從」的矛盾,它還是無法解釋另一個衍生的難題:全意志該如何在具體的制度層

---

20 Ibid., pp. 180-182.

21 國立編譯館編著,前揭書,頁179。

22 Ernest Barker, op. cit., p. 193.

23 Ibid., p. 194.

24 Ibid., pp. 190-193.

面產生？從理論上來說似乎只要人人都無私慾即可求得全意志，但這種說法是從倫理上來說的，在政治制度上該如何做才能得到全意志？

盧梭對於這個問題的答覆似乎不像他在論述全意志時那麼的有信心，他有時認為讓全體人民對政治有足夠的資訊但彼此不要相互勸服，然後在全體大會中投票表決時正負相抵後的差數就是全意志[25]。但全意志是不是就由選票的多寡來決定？盧梭又顯得有些猶豫。他說：「做成全意志的要素並非投票時選票之多寡，而是被人民的公共利益所聯合起來的[26]」。依照盧梭這個說法似乎又不能由選票數字來找尋全意志。那麼全意志到底該如何產生？只好由論者們自行詮釋了。總之，作者以為盧梭的思想基本上是集社約論之大成的理論，尤其是他的「人民主權」（popular sovereignty）觀，更被視為是直接民主的濫觴[27]。其實盧梭的理論雖然充滿了對人性的信任與浪漫，但同時也隱含了集體主義（collectivism）的因子[28]。盧梭全意志的主張並非必然是直接民主的主張，君主獨裁或極權政體一樣可以依據這個主張而做出他們自己的詮釋。英國自由主義學者柏林（Isaiah Berlin）即指出盧梭思想以全意志壓制個人，因而帶有專制的隱含因子[29]，此言有其一定的道理。不過，盧梭畢竟是個人民主權論者，他說：「如果有一個屬神的國度的話，那他們的政府必定是民主的[30]」。由此以觀，即使有些集體主義論者也引述盧

---

25 Ibid., p. 194.

26 Ibid., p. 197.

27 林如娜，前揭文，頁35-36。

28 曲兆祥，＜論盧梭與中山先生平等觀之異同＞，《三民主義學報》，第十五期，台北：國立台灣師範大學三民主義研究所，民國81年6月，頁80。

29 黃克武，＜公民投票與盧梭思想＞，《當代》，第一O四期，民國83年12月，頁199。

30 Ernest Barker, op. cit., p. 233.

梭的理論作為自己論說的依據，但作者以為盧梭本質上仍舊是個民主論者。他在政治制度的論述上雖然也著力甚多，但基本上盧梭在政治制度上的創見並不突出。因此，若謂盧梭醉心於直接民主，作者以為這是過度推論，但直接民主若作為受盧梭思想啓迪的結果，應是一種持平之論。

　　十九世紀西方政治思潮基本上出現兩股潮流，一股是以邊沁（Jeremy Bentham, 1748-1832）的功利主義和彌爾的自由主義為主流的思潮，另一股則是以黑格爾（Georg W. F. Hegel, 1770-1831、馬克斯（Karl Marx, 1818-83）為主的集體主義或社會主義思潮。前者以英、法等國為主，後者則以德國為中心。而當時的民主理論主要是以自由主義為核心，不過這些政治理論家對政治制度的議題基本上是比較偏向代議民主的制度，特別是英國的議會內閣制（parliamentary system）正是在十九世紀具體成形的，所以英國的政治制度論者自然是以代議政治作為主流。因此有關直接民主的理論在十九世紀裡的聲音是很微弱的。不過到了十九與二十世紀之交的時刻，此時的美國已基本完成了工業化的目標，連帶的帶來了都市化與商業化的結果，這樣的社會變遷固然使社會財富快速的累積，同時中產階級也因為經濟能力的增強而大量的增加了政治參與的空間，可是也因為此一階段美國經濟與政治的快速發展而使得貧富差距加大，同時因為笑貧不笑娼的風氣擴大，社會道德也因而淪喪，社會秩序與倫理也面臨了空前的危機[31]。這種危機投射到政治過程裡自然會造成政治制度的嚴重危機，特別是代議民主的制度因為顯現出許多的腐敗現象，造成了選民對代議士的強烈不滿，議員的社

---

31 張斌賢，《社會轉型與教育變革－美國進步主義教育運動研究》，（長沙：湖南教育出版社，民國77年3月），頁25。

會聲望低落[32]。美國大文豪馬克吐溫（Mark Twain, 1835-1910）曾戲謔的說：「白痴與國會議員其實是同義字」[33]，由此即可見一斑。

四、美國進步主義與參與式民主理論

美國社會對這種現象產生了一種反動，此即所謂的進步主義運動（progressive movement），此一運動於十九世紀的90年代逐漸興起，至二十世紀初已蔚為風潮，此一運動接受社會主義的思想而主張社會改革，尤其是針對勞工剝削的問題，他們極力主張必須改革，連帶的他們對經濟和政治問題也提出強烈的改革主張。在政治問題上，進步主義者則接受美國資本主義的傳統觀點，但卻要求加入更多直接民主的制度，他們希望引進罷免（recall）和創制（initiate）複決（referendum）的制度以制約代議士的自利行為。此外他們主張開放婦女的參政權、擴大行政權以及政黨初選制（primary），同時他們亦主張行政改革，希望因此能夠提升行政效率，改革貪污腐敗現象[34]。

1960年代美國政治學在芝加哥學派（Chicago school）的引領風潮之下開始了經驗主義（empiricism）潮流，這些強調經驗研究的政治學者一方面調整政治學研究的方向，二方面也在古典民主理論的價值引領下對美國政治制度進行反思。這股風潮配合著進步主義的思潮，以及新左派（New Left）運動的影響，參與式民主理論（participatory democracy）就應運而生了。佩特曼（Carole Patemen）

---

32 楊泰順，《被誤解的國會》，（台北：希代書版公司，民國90年11月），頁12-16。
33 轉引自楊泰順，《被誤解的國會》，頁15。
34 張斌賢，前揭書，頁27-29。

在1978年出版了《參與和民主理論》（*Participation and Democratic Theory*）一書，在該書中她強烈的批判熊彼得的精英民主理論（elite democratic theory），他認為精英論者對普羅大眾政治知識與能力的不信任不應該成為限制他們參與政治過程的理由，所以現代民主不但不應該限制人民的參政權還應該擴大政治參與，因為他認為透過政治參與人民反而可以經由學習而獲得訓練與教育的機會，而且人民越有機會參與政治過程越會有政治效能感，這可以改善人民對政治的冷漠與疏離，對政治穩定有相當正面的功能[35]。巴伯（Benjamin Barber）則提出了「強勢民主」（Strong Democracy）的概念，他認為西方自由主義的傳統不論是早期的彌爾或是當代的海耶克（F. Von Hayek），基本上都犯了恐懼政府的毛病，因而希望弱化政府以免政府權力過度侵犯人民權益，這就形成了「弱勢民主」（weak democracy），反而限制了政府?民謀福利的積極功能。所以巴伯主張強勢民主，他認為不必恐懼政府的權力，但前提是公民必須有強烈的公民意識和積極的參與民主社群（democratic community），也就是在公民參與的條件下，政治過程可以被人民更有效的掌控[36]。這種人民直接參與到政治過程中的政治模式，巴伯以為可以彌補代議政治的不足[37]，而且巴伯也相信只有透過更多的公民教育和直接的政治參與才能增加民主政治的效能，光是埋怨人民不適於參與民主政治那是非常不切實際的[38]。

---

35 Carole Patemen 原著，朱堅章等合譯，《參與和民主理論》，（台北：幼獅出版社，民國79年9月），頁48-52。

36 請參閱 Benjamin Barber, *Strong Democracy: Participatory Politics for a New Age*（CA: University of California press, 1984）.

37 郭秋永，《當代三大民主理論》，（台北：聯經出版社，民國90年12月），頁88。

38 US Congress, Senate Committee on judiciary, Voter Initiative Constitutional Amendment, hearings before the subcommittee on the constitution of S. J. Res. 67, 95th Congress, 1st session, 1977, p. 195.

從古雅典、古羅馬的直接民主理論開始，西方的直接民主理論就一直有著相當的傳統，甚至於在古雅典時期還曾經實施過直接民主的政治制度。隨著羅馬帝國的建立，這種理論與傳統漸趨沒落。中古時期在教會以及教皇的勢力下，人民失去了直接政治參與的思想憑藉，一直要到文藝復興之後，在一些理論家的努力與反動之下，逐漸恢復自然法的理念。待洛克與盧梭等近代民主思想家提出他們膾炙人口的理論之後，直接民主的理論才有重現之機會，特別是盧梭的全意志觀點更使得直接民主制度呼之欲出了。不過，盧梭之後的民主論者基本上比較傾向代議民主理論，並且形成了堅實的代議政治制度。當代的民主政體，不論是內閣制、總統制或半總統制，基本上都採取代議民主的形式，這表示代議民主已經取得主流地位。可是經過了兩個世紀的實踐，代議民主的缺失已造成政治理論界裡部分論者的不滿，因而在1970年代之後興起了一股批判代議民主的理論風潮。換言之，及至今日政治理論的工作者仍難忘懷直接民主的理想，這股思潮仍在理論家的腦海中縈繞。

第二節 支持直接民主的論證

支持直接民主（公民投票）的論證其實相當大的理由是來自於民主的基本假設，亦即人在理性的基礎上應該是平等的。其次就是人類渴望平等而不願受他人宰制的心理。這兩種心理其實都是源自於人類秉性的一種利己情愫，它基本上不是什麼對錯或者有無事實根據的科學論證問題，它就是一種本能慾念，一種發自內心所想要得到的東西。就像人天生就希望被人愛、受人呵護與尊重一般，這沒什麼大道理可說，這就是人的天性。人類在政治上除非不得已，否則沒有人天生喜歡被人管，能夠自己當家作主，為何要找個人來管自己。這種發自內心的需求其實正是自由的本質，而這也正是人

類喜歡直接民主的原始動機。根據克瑞格（Stephen C. Craig）、柯瑞波（Amie Kreppel）、肯恩（James G. Kane）等人所引用的一份美國佛州（Florida）在1999年針對公民投票所做的一份民意調查資料顯示，有高達八成以上的人支持公投制度，即使沒有這麼多的人認為人民有足夠的能力對複雜的政治或政策問題做出明智的決定，但是絕對多數的人還是支持公投制度[39]。丹尼史密斯（Daniel Smith）把這種現象稱之為是一種「草根民主」（grass-roots democracy）[40]，而克瑞格則稱之為一種「自利的民粹」（faux populism）[41]，多少都能顯示出直接民主這種出自利己動機的人類原始本能。另外從本章第一節所引用各個時代的政治理論家的主張也可以體會的出來，直接民主的論證其實根本就是出自人類利己動機的一種本能需求。

然而理論的本質就是必須將原始動機合理化與類型化，因此論者對直接民主這個理念必須找到支持它的論證基礎。然而，不同的人對直接民主這個理念所做的論證或辯護，其所持之理由不完全一致。歸納起來可以約略整理如後：

一、直接民主最符合人民主權的旨趣

人民主權觀是古雅典政治制度的核心思想，雖然在那個時代裡，所謂的人民是指「自由民」，絕不包括奴隸和外國人在內。但從羅馬的西塞羅之後，因為受到平等觀思想的影響，人民的概念就

---

39 Matthew Mendelsohn & Andrew Parkin eds., op. cit., pp. 34-36, table1-1.

40 Daniel Smith, *Tax Crusaders and the Politics of Direct Democracy*（NY: Routle, 1998），p. 45. 此處轉引自Matthew Mendelsohn & Andrew Parkin eds, op. cit., p. 27.

41 Matthew Mendelsohn & Andrew Parkin eds., op. cit., p. 26. faux populism 是借用法文詞彙的創造語詞，意指某些人、利益團體或政治團體藉用公投等直接民主的形式來達成其本身之私利目的。

應該包括所有的人，不過這個觀念畢竟未能在羅馬共和時期被普遍接受。文藝復興之後的契約論思想不但確立了凡人皆應平等的觀念，更進一步地，在契約論的理論裡，統治者的權力乃受之於人民放棄的一部分自然權利，所以權力的原始擁有者是被統治的人民，而非統治者。這種理論完全確立了「人民主權」的概念，形成近代民主政治思想中一種根深蒂固的理想。

　　直接民權在本質上就是讓人民對掌握政府統治權的政府人事或重大政策擁有直接的參與權力，無需假手於他人。這種機制使得人民主權的觀念獲得最大程度的實踐，因此可以說是最符合人民主權旨趣的政治制度。當然即使是在此種機制下人民是否真能掌握政府的統治權？實在是不無疑問，但無論如何這種機制的確最能滿足人民當家作主的慾念。從這一點來說，直接民權特別是公民投票的確是最符合人民主權旨趣的政治制度。

二、強化政府決策的正當性

　　巴特勒（David Butler）和蘭尼（Austin Ranney）認為直接民權特別是公民投票的制度是最能極大化政府決策的合法性（maximizing legitimacy）的政治制度，這也就是說公民投票是最能強化政府決策正當性的政治制度。最關鍵的理由就是當人民以主權擁有者的身分以多數決的方式作出政治選擇的時候，以法律或政治的角度觀之，實在已經沒有比這個機制合法性或正當性更高的其他機制了[42]。

　　而換一個比較消極的角度來說，直接民權的公民投票雖然不能保證人民的多數選擇一定比間接民權的代議民主來得更高明些，但

---

[42] David Butler & Austin Ranney, op. cit., p.14.

至少這是人民的抉擇,即使不是「最佳抉擇」,它也是人民作出的決定。就人民主權的觀點來說它的合法性與正當性也是最高的,這一點的確是無可置疑的[43]。換言之,即使在公民投票制度之下多數人民所做出的選擇不是最好的決定,它仍然是人民的決定,該一決定的正當性仍是無可質疑的。這也就是說即使從「理性抉擇」(rational choice)的角度來看並非最佳選擇的決定,但只要是人民以公民投票的形式所做出的決定,即便錯了也不能質疑其正當性。這種觀點雖然多少都會給人一點不切實際的感覺,但從人民主權的觀點出發,確實有一定的道理。

三、提高政治參與意願

政治參與基本上是民主政治過程中極具重要性的核心概念與機制,因為只有透過成熟的政治參與,民主政治過程才可能順利、成熟的運作。所以巴特勒和蘭尼指出:「實踐民主的重要目標之一就是極大化所有公民的潛能,而直接參與公共決策的決定就是發展公民潛能的最佳途徑[44]。」換言之,公民直接參與公共政策的決定被視之為最好的公民教育途徑,也就是擴大政治參與最佳的途徑。而巴柏(Benjamin R. Barber)則說:「只有直接的政治參與才是最佳的公民教育形式,且自盧梭、彌爾以及托克維爾(Alexis.de Tocqueville, 1805-59)以來他們不斷地強調訓練直接參與才是最佳的公民教育[45]」。

依照前面論述的邏輯,吾人很容易的可以得到一個簡單的結

---

43 Ibid., p. 15.

44 David Butler & Austin Ranney, op. cit., p. 15.

45 Benjamin R. *Barber, Strong Democracy: Participatory Politics for a New Age* (Berkeley: University of California Press, 1984), pp. 235-236.

論：公民直接參與度的高低將是決定民主發展良窳最重要的指標[46]。伸言之，公民直接參與的程度愈高則民主發展的體質愈健康；反之，則表示民主體質出現問題[47]。這樣的結論是否妥切？其實是有一些問題的，因為在一些極權國家裡公民參與公職人員選舉的投票率普遍偏高，如北韓、伊拉克等國[48]。所以單純以投票率高低來論斷一個國家的民主發展程度或者是所謂民主體質的好或壞，似乎太簡化了。其次，如果以公民投票的投票率來論斷直接政治參與的程度高低，吾人可以發現在一些同時存在公職人員選舉和公民投票的國家裡，幾乎沒有例外的。公民投票的投票率均低於同時舉行的公職人員選舉的投票率。巴特勒與蘭尼引用克里威（Ivor Crewe）的統計資料指出自1945至1993年的四十八年間共計有澳洲、奧地利、比利時、丹麥、法國、愛爾蘭、義大利、紐西蘭、挪威、瑞典、瑞士、英國等十二個同時存在公職人員選舉和公民投票的國家裡，公民投票的投票率平均較公職人員選舉的投票率低約13％。而同樣的情形在克羅尼（Thomas E. Cronin）和麥格雷比（David B. Magleby）研究美國各州的情況也得到相同的結論，平均來看美國各州公民投票的投票率較公職人員選舉的投票率低約15％[49]。這個結果顯示吾人不能簡單地完全從投票率高低來論斷民主政治的發展或者是民主體質的良窳，但是筆者也必須指出政治參與的程度確實是吾人衡量一國民主發展程度的指標之一，只不過吾人不能完全以此單一指標作為唯一的衡量指標。

另外，公民直接參與政治過程的效力也會影響公民政治參與的

---

46 David Butler & Austin Ranney, op. cit., p. 15.

47 Ibid.

48 北韓、伊拉克等國並不存在公民投票制度，所以此處是以公職人員選舉的投票率來做論斷。

49 Ibid., p15-7, table 2-1.

意願，亦即當公民投票的效力具有決定性效果時，公民的參與意願自然會提高；反之，則人民參與的意願就會降低[50]。這多少可以顯現出公民的政治效能感會影響他們的參與意願，同時也證明了直接民主機制確實有提高政治參與意願的效果。可是吾人不能因此即武斷地認定投票率愈高即表示人民政治參與的程度也愈高，其實當投票率到達一定的比例之後即會有停滯現象，這種停滯應屬正常的情形。因此當公職人員選舉與公民投票的投票率均達到一個穩定的水平之後，稍高或稍低的投票率增減其實並不具有太大的結構性意義。不過前面所引用的研究發現公民投票投票率均低於公職人員選舉的投票率的現象卻很值得繼續再做深一層的研究。

四、避免民意代表、政黨扭曲人民意志

在代議民主的制度設計裡，人民意志或人民利益是藉由政黨或民意代表等中介組織來代表。換言之，政黨或是議員的功能即是匯集（aggregate）和提出（articulate）人民利益，並且在政治過程中完成人民利益的實現。可是政黨（不論是執政或在野的政黨）或者議員等中介組織一旦發生異化（alienation）的現象就可能會產生扭曲甚或背叛人民意志的情形，此時所謂的人民代表或者屬於人民的組織——政黨，是否還能算是屬於人民並且忠實履行「代表」義務的中介組織呢？這一點確實是代議民主理論裡的盲點。

從組織理論的角度來看，組織一旦成形，久而久之就會產生一種異化的現象，也就是說該組織會產生自我的意識與自身的利益，該一利益極有可能會與組織創立時的宗旨相互矛盾，這種現象吾人稱之為組織的異化。這種現象在政黨或議員這種中介性質的政治組織中當然也是無可避免的，所以政黨或者議員本身乃至於由議員所

---

50 Ibid., p.15.

組成的議會這類組織經常會遭到人民的抱怨[51]，其理由就在於這些政治性的中介組織違背或扭曲了人民意願，導致人民對該組織的不信任。況且，議會的運作經常會以協商、妥協的方式達成可行性最高的方案，但這類方案卻可能與人民的意願有一定的差距，可是人民一旦委任民意代表在民意機構中履行權力就很難收回當初的委任。再說，人民委託議員執行職權的範圍非常廣泛，人民不太可能每逢一個議題不滿意即更換議員（這還是在人民擁有罷免權的前提下才可能更換議員，在不少國家人民是不具有罷免權的），企圖以罷免的方式更換議員或淘汰政黨，除非是在定期的選舉中，否則是很難做到的。難怪有許多論者都抱怨說人民只有在投票的那一瞬間是真正在「做主人」，其他時間大多數是無能為力的[52]。

以上的論述其實還不包括政黨或議員可能因為私利的因素而去扭曲人民的意志，在政治實務上政黨或議員是有可能因為一己的私利而選擇與人民意志相違背的政策方案，這是一種背叛的行為，可是在代議政治的結構裡人民可以採取反制作為的空間極為有限，在大多數的情況下人民除了抱怨之外，很少能有具體反制的舉動。

基於此，直接民主特別是公民投票多少能夠牽制政黨或議員的不當行為，也就是說至少在直接民主的機制中，人民有機會直接透過票決的行為規避政黨或議員扭曲人民意志的可能，將這些中介政治團體侵犯人民權益的機會降至最低，這對人民權利和人民意志的形成較為有利。

總之，支持直接民主的論證本質上都是站在以個人為核心的思維下所形成的理論。在契約論的理論架構裡，個人基於自保的利己

---

51 請參閱楊泰順，《被誤解的國會》。

52 Benjamin Barber, op. cit., pp. XI-XIV.

原因放棄了一部分的自然權利而與其他人組合成政治社會，這等於是說社會是由權利平等的個人所組成，而且社會存在的目的是在於保障個人的權益，因此很自然的形成以個人爲思維中心的哲學理論，自由主義就是這種思維的哲學產物。個人既然是一切權利的基礎，那麼對個人而言除非是不得已否則個人能保留的權利範圍越大越好，相對的必須放棄的權利範圍越小越好。因此正如本節開始時所說的，直接民主對個人來說它就是一種本能的慾念，其實沒什麼大道理可言，它就是一種人內心裡想要的東西。而本節所述的四種理由在本質上都是以保障個人爲出發點，或者強調個人爲一切權力的基礎。所以吾人可以說直接民主最大的理論基礎就是個人是政治社會的根本，一切權力皆本於此，因而人民若能直接參與政治決策的過程方爲最好的政治制度。

第三節 反對直接民主的論證

反對直接民主（公民投票）的理論其實就是代議民主的理論[53]。代議民主的理論基本上是目前民主政治理論中的主流思想，而且在目前世界主要民主國家中，代議民主政體也是主流的政治制度。代議民主理論雖然與直接民主理論是處於矛盾的關係，可諷刺的是這兩種民主理論皆是源自於相同的理論基礎，亦即古典民主的理論。他們的主張者都追溯古代希臘與羅馬的自然法思想，也都推崇洛克、盧梭等人的民主政治思想，但他們最大的差異是在於對個人的信任程度有很大的不同。在本章前一節的討論中，筆者指出支持直接民主的理論（公民投票）基本上是建立在以個人爲核心的價

---

53 Maja Setälä，廖揆祥等譯，《公民投票與民主政府》，初版（台北：韋伯出版社，民國92年1月），頁95。

值基礎上。而代議民主理論雖然也認同個人是政府統治權力的權力來源，但他們卻不認為人民應該全面的參與到政治過程之中。因為政治基本上是一種專業，它需要一定的專業能力，而每一位個人不見得都具備這樣的能力，也不一定都對政治事務充滿興趣，所以對個人而言最重要的是能掌握決定由哪些人參與政治運作的最高權力，然後讓他們依據憲法及相關法律的規定去運作。而憲法有關政治運作最重要的規則之一就是權力的分立（separation of powers），亦即只要政府的權力受到節制，並且政府各部門間的權力達到相互制衡（check and balance）的情勢，那個人就不必擔心政府的濫權或侵犯人民權益，此時即可放手讓政府去發揮他的職能，人民（亦即個人）只要定期檢視政府的績效並在必要時更換組成政府的政黨或執政者即可，實在沒有事必躬親的必要。

所以，對代議民主理論的支持者而言，他們對個人全面參與政治過程的能力是抱持著懷疑的態度，同時也質疑個人全面參與政治過程的必要性。以下即就代議民主論者反對直接民主（公民投票）的主要論點歸納如下：

一、個人是否都具有直接參與民主政治過程的能力

在公民投票這類的直接民主過程中，需要由人民參與決策的事務往往都涉及專業性極高的爭議，無論是與國家主權、憲法更動或是公共政策、社會道德等相關的議題爭論，它們所牽涉的專業範圍恐怕都不是一般公民所能輕易理解的。再者，在一些與公民投票相關的實證研究當中也發現，公民在一些複雜性和專業性較高的議題中不但投票率偏低，而且往往也會發生投錯票的情形。麥格比（David B. Magleby）有關美國各州公民投票的研究就發現有一部分選民在一些廢止型（abrogative referendum）公民投票中，明明是支持法律原來的規定，想要否決掉廢止該法律的提案，但因為理解上

的誤差而誤投贊成否決該法律案，其實這些選民本來應該投反對票的，但因為他們支持該法律案而錯誤理解成支持就投贊成票，使得投票的結果剛好與其意願相反[54]。這種情形還不只在美國發生，在許多執行公民投票的國家中都曾出現此種情形。例如我國2004年與總統選舉同時舉行的公民投票中就曾出現所謂「100」的政治宣傳，它意味著支持一號總統候選人同時兩題公投議題都投下贊成票。其實有些選民的選擇可能是「10X」、「1X0」或「1XX」，但為了避免誤投的情況發生乾脆宣傳「100」。這種宣傳在本質上其實就隱含怕選民投錯票的顧慮。為了避免錯誤繼續擴大，所以公民投票在議題的設計上經常是簡化成「贊成」「反對」兩種簡單的選項，但許多議題的選擇其實可以有更多的選項設計，可是為了怕選民搞錯，也就只好將之簡化了。

另外本章也曾引用麥格比的研究指出美國各州的公民投票投票率平均較公職選舉低約15％，而且他還發現一般會積極參與公民投票的選民在年齡層上偏向中高齡，教育程度、社經地位也都偏高，而且也較積極參與政治活動[55]。這表示政治能力較不足的選民一般來說較無興趣參與公民投票，這與直接民主理論支持者的主張是存有矛盾的。所以巴特勒和蘭尼在討論反對公民投票的理由時，用「由無知且不了解情況的選民來決定公共政策」的辭彙來說明這種情形[56]。巴特勒和蘭尼的用詞或許嚴苛了一些，但就各國行使公民投票的情況來看，似乎也不是無的放矢。因為公共議題的選擇往往不是簡單的贊成—反對的選擇模式即可輕易解決。早在蘇格拉底的時代，當他與詭辯學派（sophists）的學者史拉希馬徹斯（Thrasymachus）論辯哲君（philosopher king）的必要性時說：「當

54 David Butler & Austin Ranney eds., op. cit., p. 18.
55 Ibid ., pp. 18-19.
56 Ibid.

人們想要聽好音樂時都知道要找最好的樂師，看病想找最好的醫師，吃飯又要找最佳的廚子，那麼統治人民當然要找最好的統治者[57]」。蘇格拉底基本上認為政治是一種技藝（art），它不是人人都有的一種能力，所以必須將政治工作委諸有此能力的人去做，才可能做得好。蘇格拉底或許稱不上是一位民主論者，但他對於政治本質卻有相當的洞悉能耐，他這個論點多少道出了直接民主論者在面臨事實考驗時的缺憾。此外，當代精英民主理論的主要論者熊彼得在他的名著《資本主義，社會主義與民主》（*Capitalism, Socialism and Democracy, 1950*）中提出類似於蘇格拉底的論點。熊彼得說：「*民主的方法乃是一種為達成政治決策所做的制度安排，在此一安排下，一些個人以競爭人民選票的方式獲取政治的權力[58]。*」換言之，以熊彼得的觀點來看，所謂民主的政體最關鍵的是，一些想要取得政治權力的社會精英或精英集團能透過制度性的安排，以透明、公開的競爭方式來爭取人民的支持。而人民有權依自己的自由意志和喜好選擇自己支持的精英獲取政治權力即可達成基本的民主，熊彼得這種論點也被稱之為「民主的程序論[59]」。當然，熊彼得還是提出了一些民主過程必須具備的其他條件[60]，不過最關鍵的還是民選政治精英以及精英的素質才是民主過程成敗的決定因素。可見得熊彼得與早他數千年之久的蘇格拉底都認為政治精英才是政治良窳的關鍵因素，因而開放普羅大眾參與政治決策對他們來說不但無此必要，甚而還有點愚蠢。

---

57 國立編譯館編著，前揭書，頁10-11。

58 Joseph A. Schumpeter, *Capitalism, Socialism and Democracy*, 3rd. ed.（NY: Haper & Row, 1950），p. 269.

59 呂亞力，《政治學》，五版（台北：三民書局，民90年），頁135.

60 邱延正，〈精英民主理論初探〉，《復興崗學報》，第63期，民國87年6月，頁138-139。

二、 公民投票容易形成多數專制

公民投票制度的基本用意就是讓公民能夠在公平的基礎下參與公共事務的決定，但是在一些異質性較高的社會裡，稍不留意就可能形成多數專制（majority tyranny）的情形而形成另外一種形式的社會不公。這種現象在同質性較高或者社會共識較強的社會裡，其為害程度還不算嚴重，但在異質性社會或社會整體共識基礎較薄弱的社會裡卻極可能會構成解構性的危機。這是因為在異質性社會裡，不同特質的社群之間本來的互信基礎就很薄弱，如果居於多數地位的社群動輒發動公民投票，尤其公投的議題又是一些極具敏感性與衝突性的議題，那麼居於少數的群體必然會以更激進的手段來對抗多數的暴力。這種情形從「多數統治」的民主原理來看似乎不應該發生，但事實上在異質性的社會裡，它的危害卻是極其嚴重的。我們從北愛爾蘭（Northern Ireland）以及1999年之前的東帝汶（East Timor）、1989年之後的巴爾幹半島情勢即可看出如果在這些社會裡強制使用公民投票以解決種族衝突的問題，其結果將是令人恐懼的。即使是加拿大的魁北克（Quebec）省雖然採用了公民投票以試圖解決該省爭取獨立的議題，但該問題事實上還未完全解決，幾次的獨立公投結果都未成功，將來一旦獨立公投成功，居於多數的聯邦政府會以何種態度應對？加拿大政局將會如何發展？均未可知。不過，魁省在這個爭議過程中其實已經付出不小的代價。

此外，在同質性較高的社會裡，公民投票所可能形成的多數專制情形，其嚴重性雖不若異質性社會高，但也並不表示它不會發生。事實上在這些社會裡多少也會發生以公民投票形式侵犯人權的現象。根據巴特勒和蘭尼的描述，在美國部份的州確曾發生過由公民提出的創制案侵犯了少數者人權的情事。例如1988至1990年期間，美國有六個州以公民創制的形式提出公投案，給予法官得以在

正式審判程序開始之前拒絕保釋若干被法官認定會在候審期間有再犯可能之嫌犯的權利。類似的侵犯嫌疑人人權，加強受害者與檢察官權利的情形在其他州也發生過。當然也有一些侵犯人權的提案遭否決的情形，如限制貧困婦女使用公共基金進行墮胎手術的提案，除了在阿肯色州（Arkansas）獲得通過之外，在科羅拉多（Colorado）和密西根（Michigan）兩州都遭到否決。另外一些增進人權的提案，如緬因（Maine）州通過預算讓州憲修改有關涉及兩性的文字使用以達性別中立化的目的，這個案例說明了公民投票不見得全然會侵犯少數的權利，不過發生多數侵犯少數權利的情形的確是公投制度隱含的一項危機[61]。

三、公民投票會危害代議民主

代議民主是當代民主政體中的主流體制，即使是有部分民主政體在施行代議民主的程序中允許直接民主的機制存在，但基本上也只是以直接民主為輔，也就是在必要時允許以公民投票來決定公共事務。不過即使是必要時的輔助措施，依然會發生影響甚至危害代議民主機制正常發揮的情形。

以公民投票的主要種類來說，由政府發動的公民投票或許對代議政治的危害度較小，因為無論是政府的行政部門或議會機關發動公民投票時，基本上表示用正常的立法程序已無法順利完成涉爭問題的解決，所以才需要引進公民的裁決來解決紛爭。不過這只能說是在此種情形下，直接民主對代議政治的危害性較輕微，並不表示它毫無傷害。特別是像法國的制度允許總統可以直接發動公民投票並由總統單方面決定議題的論述方式，且無需國會的同意。這種情形極可能會致使行政部門在遇到國會對議案強力杯葛時，逕行訴諸

---

61 David Butler & Austin Ranney , op. cit., pp.19-20.

公民投票,這會造成國會的弱化,使代議政治的功能被破壞殆盡。所以即使是由政府行政部門發動的公民投票也必須有國會的同意,否則對代議政體的傷害將是毀滅性的。至於由國會發動的公民投票雖然對代議政治的破壞性相對較小,但是對政治責任還是有一定程度的傷害。

其次,由公民直接發動的公民投票,無論是創制案、複決案或其他種類的公投形式,都無可避免的會造成政府的行政、立法部門權威和功能的損傷[62]。因為創制案的發動基本上是肇因於立法機關不願意訂定某項法律或是政治情勢不宜訂定該項法律,立法機關於是採取一種消極性態度因應。此時公民若以公投方式迫使國會立法或者強行立法,其所造成的後果將破壞立法機關的主體性,也可能形成政治責任的問題。當然人民發動創制案也有可能是肇因於立法機關的立法懈怠,在這種情形下發動創制公投確實可以彌補代議民主之不足。但問題是如何去判斷立法機關的不作為是基於單純的立法懈怠,還是有其他的政治原因?這一點確實很難做出合理的判斷。

至於複決形式的公民投票則肇因於人民不願接受立法機關所訂定的法律,因此直接提案廢止該項法律繼續執行。但這種公民投票可能會導致議會機關內部好不容易所形成的妥協方案遭到否決,這使得議會被賦予甚至是被要求的職權會遭到破壞,而且這種破壞的結果所形成的政治責任將由誰來負責?這似乎也是一種無解的難題。當然,如果議會所訂定的法律根本就是議員或政黨基於私利所做的利益交換,那複決案的發動將有絕對正面的功能。可是問題又來了,到底該如何判斷議會的妥協性方案是基於私利還是公共利益?這又是一道難題。

---

62 Ibid ., p. 20.

　　總之，公民投票的直接民主形式或多或少的都會傷害到代議民主的機制，但是代議民主體制也確實存在一些本質上的缺陷致使人民不滿。如何使兩種制度能夠在運作上產生互補而非相互扞格的作用，這將考驗著民主制度支持者的智慧。

四、公民投票會破壞政黨政治、責任政治

　　政黨政治與責任政治基本上是民主政治運作非常重要的原則，特別是在內閣制國家裡，這些原則更是政府運作的基礎。而在總統制或半總統制的國家裡，政黨政治和責任政治的重要性雖然不如內閣制國家，但其重要性仍是相當大的。所謂政黨政治最主要的就是經由競爭性政黨體系（competitive party system）的公平競爭而產生責任政府（或稱責任內閣），朝野政黨之間透過議會裡的攻防或選舉中的競爭來爭取選民的支持，因此在競爭過程中政黨的立場與表現是決定其選舉勝負，甚至是執政還是在野的主要依據。在內閣制的國家裡，政黨在議會中的攻防甚至還可能引發閣潮導致政府的更迭。所以在議會內閣制的運作過程中如果導入公民投票將相當程度的扭曲責任的歸屬，因此內閣制國家對公民投票制度一般都採取比較保留的態度。

　　當然這種情形在1970年之後稍有轉變，特別是義大利在1978年之後舉行過十五次公民投票，對義大利政治改革產生極大的影響[63]。而老牌議會內閣制國家英國至今雖然只舉行過一次全國性公投（1975）和二次有關中央權力下放蘇格蘭（Scotland）與威爾斯（Wales）的地方性公投（1977，1997）[64]，但很明顯的連英國這種

---

63 David Butler and Austin Ranney, op. cit., p. 20 and pp. 68-69.
64 Ibid., pp. 38-45. 同時請參閱蔡佳泓，＜試析公民投票對政治與政黨體系之影響＞，《台灣民主季刊》，第一卷第二期，民國93年6月，頁33。

議會內閣制的起源國家都有些擋不住公民投票這股風潮的勢頭。由此可見即使公民投票制度可能會影響政黨政治與責任政治的運作，但是公民投票依然有其一定程度的影響力[65]。

除了在政治體制的層次上，公民投票會造成政黨政治與責任政治的不良影響外，公民投票也會衝擊政黨的功能以及政黨應負的政治責任。就政黨的功能來看，它應該負有利益的匯集和利益的提出等功能，換言之政黨應該對爭執不下的公共議題產生匯集民意和提出政策的責任。可是政黨往往會在黨內意見分歧甚至面臨分裂的危機時將這類爭議以公投案的形式交付公民投票。其實前述英國兩次的公投都是在工黨執政時期，工黨首相威爾遜（Harold Wilson）為避免工黨的分裂所採取的一種策略。所以柯樂根（James Callaghan）說：「此舉是為自己（按：指威爾遜）預留後路，避免分裂（按：指工黨）所致[66]。」其實何止英國是如此，在不少國家裡由政府發動的公民投票實質上都是因為政黨想要規避政治責任或避免黨內分裂所採取的一種策略運用。我國在2003年公投法的立法過程中，泛藍軍對公投法的態度發生前後搖擺的現象，繼之在次年的公民投票辯論中不願意派隊參加公開辯論，以避免對兩個公投議題做出表態，其實也是一種為了總統大選的勝選以及避免內部分裂的策略運用。在我國這個例子中雖與英國在1975年對加入歐洲共同體（European Community）所舉行的公民投票情勢上不完全一樣，可是政黨的顧慮和策略運用的方式卻有異曲同工之妙。這表示政黨可能會因為種種自身的因素而將問題丟給人民，而一旦人民以公民投

---

65 有關公民投票是否真會影響政黨政治的功能，論者間存有不完全相同的看法。部分論者認為公投對政黨政治的影響並不大，相關論點請參閱蔡佳泓，前揭文，頁27-40。

66 David Butler and Uwe Kitzinger, *The 1975 Referendum* (London: Macmillan, 1976), p. 12. 此處轉引自David Butler and Austin Ranney, op. cit., p. 39.

票方式表達了意見，那相關的政治責任也就跟著模糊掉了。難怪芬納（S. E. Finer）會說：「這是英國政治上的彼拉多（Pontius Pilate）[67]」，換言之，這些政黨就像聖經中所說的執行殺害耶穌的羅馬執政官彼拉多一樣，在行刑前兀自洗手以表示流此義人的血非其本意，將一切責任諉諸他人。公民投票在某些情形下確實提供政黨推卸責任的管道。

除了以上四個論點之外，其他對公民投票的批判觀點還有諸如公民投票容易造成民粹政治，形成政治的不穩定、社會的分裂與不和諧等等。這些對公民投票的批判雖然不能說完全沒有道理，但也往往是以結果來批判，而這些結果與公民投票之間未必有絕對的因果關係。例如批判公民投票者經常引用德國希特勒的例子來說明公投容易造成民粹和獨裁領袖的產生，但是使用公民投票次數最多的瑞士卻沒有德國所發生的現象，其他像義大利、澳洲等經常使用公投的國家也未見民粹和政治不穩定的情形發生。這顯示這類的批判多少有點「一朝被蛇咬，十年怕草繩」的保守態度。不過，公民投票確實也曾為某些特定國家帶來災難性的傷害，所以至今公民投票制度基本上仍非民主政體中的主流。

此外，也有相當多的論者以公民投票這類的直接民主制度只能適用於小國寡民的國家來質疑在現代的民族國家裡根本不能適用這個制度，並且以古雅典的小國寡民，甚至當代的瑞士規模幅度也不大來質疑公民投票在大國裡的適用性，熊彼得、薩托里就是這種質疑的代表性學者。這種質疑當然有一定的道理，因為從比較政治的角度來看確實是如此，亦即以現代民族國家的規模來看的確找不到幅員廣大、人口眾多的國家實行直接民主的政治制度。但是筆者也

---

67 S. E. Finer ed., *Adversary Politics and Electoral Reform* (London: Anthony Wigram, 1975），p. 18. 此處轉引自 David Butler and Austin Ranney, op. cit., p. 43.

必須指出，如果只是以公民投票此一直接民主的設計來彌補代議政治的不足，那麼成功的機率似乎就可提高不少。也就是說如果不是以公民投票做為唯一的決策模式，那麼國土幅員的大小和人口的多寡似乎影響就不那麼大了。

在所有對公民投票制度採取批判態度的論點當中，幾乎都有一個共同的出發點，也就是對個人能力的質疑以及對代議政治的破壞。而直接民主理論本質上確實也存在著這兩個問題，直接民主論者幾乎都存在著盧梭式對人性的浪漫，而且公民投票制度也確實會給代議政治帶來一定程度的衝擊。所以一味地對直接民主抱持著過度樂觀的浪漫，確實是有些不切實際。

第四節 直接民主的合理論證

直接民主與代議民主論者之間形同水火的爭論雖已經歷兩個世紀以上，但此爭議似乎還未停止，特別是在一些民主政治仍處於快速發展階段的國家，這類的爭議仍是方興未艾。我國從 1980 年代以來，有關採納公民投票制度的爭議即處於這種激烈爭議的情形，就是一個明顯的例子。

對直接民權論者來說，因為他們著眼於政治制度必須對人民的意見做出迅速且全面的回應，不滿於代議政治之下議員和他們所從屬之政黨的顢頇和自私，因此希望讓政治制度能夠達成符合民意的變動性、大眾參與、意見衝突與競爭和多數決等目標[68]，故而堅決主張直接民主，尤其公民投票是表達直接民主的主要形式，因此公民投票制度是直接民主論者堅持主張必須納入政治決策程序的制

---

[68] David Butler & Austin Ranney , op. cit., p. 21.

度。但相對的，從代議民主擁護者的眼光看來，直接民主論者簡直就是「要命的樂觀論者」，他們對人性和個人能力過度的樂觀導致他們不能看清事實與理想的分別。再者，因為代議論者著眼於調和立場、利益分歧的團體和個人，希望求得社會整體利益的極大化，因此特別重視政治制度的穩定、溫和和妥協[69]，不希望動輒就以公民投票多數決的方式迫使少數屈服於多數的暴力，所以堅決地排除任何直接民主的形式介入政治決策的過程。

直接民主與代議民主之間的爭議，難道完全無法解決？巴特勒和蘭尼在《全世界的公民投票：增加使用的直接民主》（*Referendum Around the World: The Growing Use of Direct Democracy*, 1994）一書中有關公民投票理論的結論中說：「*民主論者仍將某些直接民主的形式視之為偶爾彌補代議政治之不足的重要機制，但絕非全然的取代代議民主*[70]」。筆者以為巴特勒與蘭尼此言確為中肯、持平之言，因為就現實來看真正的直接民主確實在當代民族國家的規模中很難實踐，再者，事事都要人民以公民投票或群眾大會（無論它的名義為何）來做出公決，的確有些不切實際，也似乎無此必要。但在必要時由人民以最高主權擁有者的身分對爭議性高的議題做出整體意志的裁決，確實可以彌補代議政治在本質上的缺陷。不過緊跟著的問題是：何謂「偶爾」？又何謂「必要時」？這的確會形成進一步的爭論。

首先在設計直接民主的公民投票時，第一個要考量的問題就是由誰提出公投的議題？這個問題的本質其實就是前所論及的「必要性」的問題。換言之，該由誰來確認已到達必須祭出公民投票的時機？從公民投票的本質上來看，公民本身應該是最具資格提出公投

---

69 Ibid.

70 Ibid.

案的,這一點大概在採取公民投票制度的國家裡都可原則性的接受,不過在接受程度上仍有不小的差異。一般來說各國對由人民提出的修憲或法律的複決案接受度較高,但由人民提出的修憲或修法的創制案則較傾向於採取保留態度。這種情形在公共政策的相關提案中也有相同趨勢,亦即由人民提出重大公共政策的複決案一般接受度較高,但由人民創制提出重大公共政策案則各國相對的保留。這表示由人民主動提出複決形式的公投案,比較受到支持,但相對的創制性質的公投案因為可能涉及政府的職權的運作,所以持保留意見的相對較多。另外就是政府提案,而政府提案又可分成行政部門提案、議會提案以及由行政部門向國會提案三種次類的形式。其中第一種單純由行政部門提案,可能會涉及行政部門引進人民力量反牽制國會的情形,它會造成較大的問題[71],所以除法國等極少數國家外少有採用者。而單獨由國會提案交付公民投票的形式相對於單純由行政部門提案的情形要多了許多,而由行政部門向國會提案,經國會同意之後再交付人民舉行公民投票的情形則是內閣制國家的常態,而且成功的比率也較高[72]。在一般情形下有權提出議題者往往也有權主導議題的論述,不過議題論述的技術性問題往往也會形成爭議,尤其是在對公投議題訂有法定排除條款的情況下,議題論述很可能需要一個中立機關或法院做必要時的仲裁。

其次,哪些議題不能做為公民投票的標的?這也是一個需要認真考量的問題。採取最開放態度者認為所有議題只要依程序提出皆可做為公民投票的議題,但實務上大概除瑞士之外,鮮少國家採取如此開放的態度,多數國家對公投議題或多或少的會採取若干的限制,至於如何限制以及用何種機制來限制,則各國規定有很大的差

---

71 相關問題的分析請參閱本書第四章。

72 David Butler & Austin Ranney , op. cit., pp. 20-21.

異性。內閣治國國家多採取由國會來做決定，如英國即為最明顯的例證。也有一些內閣制國家因為允許人民提案所以另訂有法定的排除條款，將政府預算、財稅或其他如赦免、減刑以及環保之類的專業議題排除在公投的範圍之外；如果訂有排除條款則法院將可做為確認公投議題是否違反排除條款規定的仲裁機關，如義大利即為明顯的例子。

　　其三，為了避免處於多數地位的群體侵犯少數群體的權利，是否應賦予法院司法審查（judicial review）的權力？這也是一個值得關注的問題。一般來說，對公民投票機制採質疑立場的理由之一就是公民投票的多數決原則有可能產生多數專制，因而侵犯少數群體的權利。因此，法院是否可在公民投票舉行之前或之後介入裁定公投案是否有違憲之嫌，的確值得吾人深入考量。依據義大利憲法第七十五條之規定，憲法法院對由人民提出的廢止型法律複決案擁有實質的審查權，除審查是否牴觸排除條款的規定之外，對訴求內容是否違憲也有權進行實質審查[73]。義大利憲法此一規定等於實質賦予憲法法院司法審查權，這種規定對異質性高或社會基本共識較低的社會來說，確實較能消弭居於少數的群體對公民投票制度的狐疑，對公投制度本身的公信力來說反而較為有利。

　　除了以上三個問題之外，其他如人民提案的公民連署人數的問題，一定數目的地方議會對全國性議題能否提案的問題，以及公民投票是否一定需要法律依據等問題，因為各國規定不一，並無絕對性的答案，同時限於篇幅的因素，此處不再論述，在以下各章節中的相關部分再行討論。

　　在本節開始討論時，筆者即提出一個問題：「直接民主與代議

---

73 Ibid., pp. 63-64.

民主之間的爭議，難道完全無法解決？」討論至此，一個明顯的圖像其實已經浮現，在直接民主與代議民主之間是應該有一個折衷的空間，那就是在代議民主的基礎之上加入直接民主的公民投票形式，以加強代議民主對民意的即時回應功能，同時亦可彌補代議政治之下政治精英對民意的壟斷和扭曲所產生的缺憾。總之，筆者十分認同巴特勒與蘭尼的話：「民主論者仍將某些直接民主的形式視之為偶而彌補代議政治之不足的重要機制，但絕非全然的取代代議民主。」

第三章 公民投票概念的界定與制度種類

第一節 公民投票概念在世界各國的實踐

公民投票的概念在現代民主國家有極其重要的地位，在傳統民主國家裏，公民投票的概念在早期雖存有爭議，然而二十世紀中期以後，也就是第二次世界大戰之後，絕大多數的老牌民主國家已陸續改變對公民投票的保留態度，甚至最為堅持「代議民主」（representative democracy）的英國在二十世紀末更以公民投票的方式解決其國內對加入歐盟的爭議。法國不但對公民投票有相當的概念，甚至於在拿破崙的時代裏就經常以此方式解決當時的政治爭議[1]。所以對法國而言，公民投票不但是個概念，而且已經是一種具有歷史經驗的政治制度。只不過，由於拿破崙一世（Napoleon I, 1769-1821）與拿破崙三世（Napoleon III, 1808-1873）經常是以公民投票方式來鞏固其政權，因此公民投票這個概念在法國至今仍多少帶有一些貶抑的意味。然而，即便如此，法國在二次大戰後的第五共和憲法中仍明確的將公民投票制度規定進憲法中[2]，可見這項直接民權的政治概念雖有不小的爭議，但仍然有相當重要的地位。

美國對公民投票的態度則是採聯邦保留，各州則採開放的態度

---

[1] 彭堅汶，〈公民投票與台灣地區的憲政發展〉，《中山人文社會科學期刊》，第8卷，第1期，民國89年，頁3。

[2] 張台麟，《法國政府與政治》，初版（台北：五南圖書出版公司，民84年），頁5。

3。這是因為美國是採聯邦主義（federalism）的國家，因此制憲時基本上把實質的統治權儘量保留給州，只有國防、外交等具全國一致性質的事權委交聯邦。所以美國自建國以來，各州基本上對聯邦政府是採不信任和防止聯邦集權的態度，除非必要盡量避免聯邦事權擴大，這種消極態度對小州而言更是如此，所以制憲時各州代表不願意聯邦也擁有具直接民權性質的公民投票（創制、複決）權[4]，此項傳統至今多少仍舊被保留著。這也就是美國至今仍未實施全國性公民投票的緣故。

瑞士是全世界使用全國性公民投票次數最多的國家，從1900年至1993年間共使用四百一十四次[5]。瑞士之所以大量使用公民投票實有其歷史與民族的原因，當然也與其政治文化有密切之關聯性。瑞士的多民族國家背景使得他們相信只有以直接民主的方式才能更加強法律的正當性，而且對相對少數的民族而言，只有給予他們訴諸全體公民做集體決定的機會，他們才可能願意繼續忠誠的留在聯邦內。所以對瑞士而言，公民投票是該國民主政治不可或缺的一環，這與世界其他國家的情況實有相當大的不同。

德國實施公民投票的歷史始於1919年的威瑪（Weimar）憲法，該憲法創設了多種直接民主的機制來調和總統和國會、國會兩院之

---

3 David Held, *Models Of Democracy, 2 nd ed.*（Stanford, California: Stanford University press Co., 1996）, pp. 7-8.
蔡彥廷，《西方國家公民投票之研究》，淡江大學歐洲研究所碩士論文，民85年，頁132。

4 David Butler& Austin Ranney ed. *Referendum Around the World: the Growing Use of Direct Democracy*（Washington: American Enterprise Institute for Public Policy Research. Co.,1994）, pp. 17-21.；另外，請參閱 David Held op. cit., pp. 74-80.

5 David Butler & Austin Ranney ed. *Referendum Around the World: the Growing Use of Direct Democracy*（Washington: American Enterprise Institute for Public Policy Research. Co., 1994）, p. 5.

間，乃至執政黨與在野黨間的衝突。不過這個經驗對德國而言卻不是那麼的甜美，自1919至1933年希特勒（Adolf Hitler, 1889-1945）掌權期間，雖然只實際使用了三次的公民投票，但每次都造成很大的政治緊張，尤其是總統不斷的解散國會，更加使民粹主義的氣氛高漲。希特勒執政後透過「授權法」與「政府改造法」把民主政體變造爲領袖專制，此時公民投票雖無法再製造政潮，但公民投票卻以人民詢問（Volksbefragung）的形式變成政府強化其政策正當性的工具[6]，亦即公民投票成爲希特勒專制的工具。這個慘痛經驗讓德國的有識之士不禁對公民投票這種直接民主的模式深具戒心，所以在戰後基本法（Basic Law）的擬定過程中對此多有保留，制憲大會對全國性的公民投票制度，除有關領域重劃的決定採強制複決及結合創制的詢問外，其他一律不採取直接民主的形式。不過，對邦的自治只要不影響到邦議會主要職權的行使，各邦可在邦自治範圍內採取創制與複決的直接民主形式[7]。可見得戰後德國基於戰前慘痛的公民投票經驗，對全國性公民投票採取相對消極和否定的態度，但對地方性公民投票則並未完全否定公民投票的價值。

除了前述國家外，根據巴勒（David Butler）與蘭尼（Austin Ranney）的統計，全世界在二十世紀（至1993年）共實施公民投票計七百九十九次，國家遍及澳紐、南北美洲、亞洲、歐洲，除所謂「第一世界」的已開發國家外，甚至包括一些「第三世界」的開發中國家，如埃及、迦納、柬埔寨、尼泊爾等[8]。換言之，公民投票此一基於「國民主權」（popular sovereignty）和「參與性民主」（participatory democracy）理論所建構的直接民主制度，已經不是嘗

6 蘇永欽，〈創制複決與諮詢性公投─從民主理論與憲法的角度探討〉，《憲政時代》，第27卷，第2期，民國90年10月，頁24-25。

7 同前註，頁25。

8 David Butler & Austin Ranney, op. cit., p. 5.

試性的民主概念，更非所謂民主先進國家獨享的民主特權，而是一種具有普及性和正當性的民主制度。當然，這麼說並不表示此一民主制度的發展已臻成熟而無任何缺失，而是說明公民投票這種直接民主制度在現今的世界裡已經是民主政治制度裏面頗為普遍的一種民主方式。

第二節 公民投票概念的定義及性質

「公民投票」（plebiscite, Volksabstimmung）一詞據信最早出現在羅馬共和時代，它是由拉丁文plebiscitum而來，是指由普通平民（plebs）直接來議決（scitum）的意思[9]。這個制度當然是由演進而來，其實在古希臘的城邦國家雅典（Athens）政治制度裡就有全體公民參與政治決策的機制，所謂的公民大會（eclesia）就是執行這項職能的組織[10]。希臘哲學家蘇格拉底（Socrates）被以妖言惑眾的罪名處死，就是這個公民大會的集體決定。當然公民大會的職權不是只有司法權，有關人事選舉以及其它重大國政事務之決定幾乎都必須經由公民大會。羅馬進入共和時期之後依然有此制度[11]。換言之，在古希臘的城邦國家（city state）時代，因為小國寡民的原因，已經存在這種直接民主的雛型。馬其頓王國（The Kingdom of Macedonia）興起後雖消滅了城邦國家，但這種直接民主（direct democracy）的政治模式並未因此消失。羅馬共和時期又再度建立直接民主的模式，公民投票概念在此時基本上已發展成一種決定重

---

9 彭堅汶，前揭文，頁3。
10 國立編譯館編著，《西洋政治思想史》，初版（台北：國立編譯館，民國34年8月），頁5
11 同前註。

大政治事項的機制，可以說是當時政治制度中的一種重要環節或機制，而成爲當時政治制度中不可或缺的一環。

　　然而，何謂公民投票？許宗力教授認爲，所謂公民投票基本上是由政府舉辦，由公民直接對「事」而非對「人」，以投票表達其接受與否的意見，此謂公民投票。而所稱之「事」，包括法律、議案或個別政策議題，所以以法案爲行使對象的創制、複決，以及只針對個別政策議題爲行使對象的所謂政策投票（policy vote），都包括在公民投票的範疇內[12]。而蘇永欽教授則認爲「*藉由公民正式的投票來形成公共事務的決定時，不論標的、程序、效力如何，往往都會套用到（公民投票）這個詞*[13]」。因此，公民投票無論在英文、德文或中文裏都是很多義的[14]，亦即公民投票這個概念其實是個涵義頗爲廣泛的概念，它不像選舉（election）或罷免（recall）在涵義上比較清晰且單純，所以我們有必要再進一步的去界定公民投票。

　　公民投票之所以是涵義廣泛的概念，其原因其實正如前引蘇永欽所言：「*不論標的、程序、效力如何，往往都會套用到（公民投票）這個詞*」。換言之，因爲公民投票的標的不同、實施程序不同或法律的效力不同，其概念往往也就不同。前引許宗力所言之以法律案爲行使對象的創制、複決，以及以個別政策爲行使對象的政策投票，都在公民投票的範疇內。這也就是說創制、複決或者公共政策的公民票決都可稱之爲公民投票，甚而涉及國家主權或國際法義務的公民（住民）自決（self-determination），或者涉及爲制定憲法

---

12 許宗力，〈憲法與公民投票－公投的合憲性分析與公投法的建制〉，收於陳隆志主編，《公民投票與台灣前途－公投研討會論文集》，初版（台北：前衛出版社，民國88年），頁93。

13 蘇永欽，前揭文，頁22。

14 同前註，頁22及頁40註一。

而進行的公民（住民）票決，也都屬於公民投票的概念範疇[15]。質言之，公民投票概念中的「公民」並不一定明確的指稱憲法中所謂的具有參政權的公民（我國憲法第一百三十條），而有時是泛指「國民」、「人民」，甚而有時是指稱居住於某一地域內的「住民」。所以本文在概念上所指稱之公民投票乃包括公民、國民、人民及住民投票的概念在內[16]。

總之，公民投票基本上是個泛稱的概念，它是指政治系統（political system）的成員對公共事務以票決的形式來表達意見。其範圍頗為廣泛，從國家主權問題的處理、憲法的制定與修改、全國或地方法律案的制定、確認或否決、到全國或地方個別公共政策的採納與否，乃至無法律效力的「諮詢性公民投票」等都屬於公民投票所指涉的範疇。因此當吾人在討論公民投票議題（issue）時，必須先確認討論的範疇，否則往往會發生雞同鴨講這種完全失焦的現象，此點實為論者須先為釐清者。

其次，由前面對公民投票意義的討論中，我們可以發現，雖然公民投票在意義的界定上有一點因為範圍太廣泛而顯得模糊的現象，但在其基本性質上卻頗為清晰。因為不論是哪一個層次的公民投票，其性質都屬於公民（住民）的直接民權，一如孫中山先生在民權主義中對政權的定義，亦即選舉、罷免、創制、複決等四項權利[17]。換言之，公民投票一如選舉和罷免權一樣是人民直接擁有且行使的權利。

---

15 蘇永欽，前揭書，頁24-25。

16 陳隆志主編，《公民投票與台灣前途—公投研討會論文集》，初版（台北：前衛出版社，民88年），頁60-63。

17 孫中山，〈三民主義—民權主義〉，《孫中山全集》，第9卷，（北京：中華書局，民75年），頁346。

　　然而何以人民可以擁有如此之權力？一般國內憲法學者大都訴諸我國憲法第二條：「中華民國之主權屬於國民全體」[18]的國民主權原則。然從其思想淵源來看，與洛克（John Locke, 1632-1704）、孟德斯鳩（Charles Montesquieu, 1689-1755）、盧梭（Jean J. Rousseau, 1712-1778）等社會契約論（The Social Contract Theory）的思想家有著極其密切的關聯性，甚而我們可以說正因為契約論裡天賦人權的理論，人民才擁有此等直接民權。

　　從契約論者的思想傳承來看，他們大都承受了斯多葛學派（The Stoics school）的自然法（natural law）觀點，他們相信在進入現代國家社會之前存在一個自然社會（natural society），在這個自然社會中人們擁有自然權利（natural rights）。但這種自然社會正因為人人都擁有自然權利，因而造成誰也管不了誰的狀態，因此或弱肉強食或爾虞我詐，終而使人人自危，難以自保。因此才必須放棄部分自然權利而進入國家社會組織。故而人與人互訂契約，將大家放棄的權利委諸國家社會這個集體，以求自保。但洛克、盧梭等人以為部分權利是天賦予的，所以不能放棄。而這些不能放棄的權利正是所謂之天賦人權，也正是美國獨立宣言中所謂的「不可讓渡的權利」（inalienable rights）[19]。可是什麼是天賦的人權？卻是言人人殊，且其內涵基本上是與實俱進的。不過，從洛克以降，契約論者們基本上都認為統治者的權力來源必須是被治者的同意（The legitimacy of government powers derives from the consent of the governed）。亦即，統治者的權力必須經過國民總意志（general will）表達同意方為正當[20]。

---

18 許宗力，前揭文，頁109。同時請參閱蘇永欽，前揭文，頁27。

19 Ernest Barker, *Social Contract*,（first edition, London Oxford University press Co., 1947）, pp. 190-191.

20 Ibid. pp. 193-194.

　　然而總意志又為何物？總意志這個概念是盧梭在《民約論》裡所提出的一項膾炙人口的概念，也是一般民主政治論者最常引用的概念，但是這個概念同時也是盧梭政治思想裡最艱澀難懂的概念。從本質上來看，總意志之說是個集體概念，其內涵是很難分割來看的。它有一點似我們今天所說民意的概念，它也是無法細分的，而是包羅所有人民的意見。總意志就盧梭的看法，它是所有政治社群成員的總體意志展現，本身就是一個整體，並不能分辨個別成員的個別看法。所以所有成員看法的總合是否是總意志？就盧梭本意來看，似乎不是。那多數成員的意志是否是總意志？那當然更不是了。總意志就是總體意志，它不是任何個別的意見，也不是個別意見的總合[21]。由此以觀，總意志的涵義看似清晰，然細究後卻十分的模糊。

　　其次，總意志該如何表現？對此盧梭更是沒說明白。不過在盧梭之後的政治理論和政治實務裡，投票制度（voting）成為探究國民總意志最普遍的方式。因而以投票的形式讓一部分合格選民藉由票決的方式參與政治過程，表達人民意志遂成為天賦人權的一部分。

　　總之，當吾人要問人民何以有權以投票的形式表達他們對公共事務的意見時，我們就必須在理論上回溯到契約論裡的天賦人權觀念。但吾人也必須說明，天賦人權論並未指明人民有投票選舉人民代表或公決公共事務的具體權力，這是後來在十八、十九世紀逐漸發展而成的內涵。而且，一開始只有人民選舉人民代表的權利，其他的權利是其後再發展出來的。至於公民投票制度，亦即公民以投票的形式公決公共事務的制度，基本上稍晚於對人的選舉，但十八世紀末的美國，以及十九世紀的法國、瑞士、瑞典、丹麥、德國等

---

21 Ibid.

均相繼有實施的經驗[22]，其中以瑞士的實施經驗最多。不過基本上各國並不常以此方式解決公共事務上的爭議，仍舊是以人民代表所建構的代議政治（representative government）為主要的政治形式。由此以觀，公民投票是為彌補代議政治之不足[23]，防止代議機構的「立法怠惰」，或者實在是因為系爭事務太重大且分歧，已非代議機構可為有效之決定時，所舉行的一種探詢人民多數意志的表意方式。它在一般情況下並不會舉行，所以有論者以為：「它是一種『正常』不運作『例外』才啟動的政治動作」[24]。

第三節 公民投票制度的種類

公民投票的制度基本上從美國州的層次和歐洲開始實施，至今約有兩百二十多年的歷史。有此種制度設置且有施行經驗的國家已遍布世界各大洲，且有此經驗的國家已不限於所謂的已發展國家，二次大戰後已有不少新興國家也開始有此經驗[25]。而綜觀各國實施的經驗以及各國法律的規範，公民投票制度正如蘇永欽所言：「具有多樣性」[26]。其實所謂的「多樣性」，正是指公民投票的種類不少，而且各國在制度採納上差異性很大，瑞士採用的，德國不見得用，甚至還避之唯恐不急；法國採納的，美國不以為然。所以公民投票雖為各國所採納，但其制度內涵卻有很大的差異性。但經比較、歸整和予以類型化之後，約略有以下諸類：

---

22 彭堅汶，前揭文，頁4。
23 陳隆志主編，前揭書，頁25。
24 彭堅汶，前揭文，頁2。
25 許宗力，前揭文，頁102-107；同時請參閱李明峻，〈國際公法與公民投票問題〉，《新世紀智庫論壇》，第2期，民國87年5月，頁87-91附表。
26 蘇永欽，前揭文，頁22。

一、有關國家主權事務的公民投票

　　十六世紀文藝復興時期，歐洲各民族國家紛紛獨立成為主權國家，自此主權（sovereignty）的概念獲得確認與鞏固。而所謂主權是構成一個國家最高的權力（supreme power），它具有最高性、絕對性、不可侵犯性、永久性與不可分性[27]。析言之，主權的概念有國內法與國際法意義之區別。就國內法而言，主權是國家最高、無限制與獨立之權力；就國際法而言，主權是國家擁有獨立自主之權力，可資屏除外國之干涉[28]。此項最高權力如果屬於國民全體即為採「國民主權」（popular sovereignty）的國家。所謂國民主權即意指：1.確立主權在民原則；2.根據主權在民原則賦予憲法與公權力正當性；3.主權在民原則即意味國家權力由人民所從出[29]。我國憲法第二條規定：「中華民國之主權屬於國民全體」，此即表示我國亦屬國民主權國家，自然承認主權在民原則。

　　在憲法與國際法的層次裏，與主權此一概念會發生密切關聯性的事務主要有國家地位的確認，領土的確認，主權的合併、獨立或讓渡，以及民族（住民）自決等。在採國民主權的國家裏，因為國民是擁有國家主權的主體，因此有關主權事務的處置應該由國民全體來做最後也是最高的確認，此即為「人民保留」（popular remains）原則[30]。這個概念就像某物品的所有權歸屬於小王，當對此物品做最後處分時，只要該物件之所有權未遭合法之扣押或移轉，小王當

---

27 陳新民，《中華民國憲法釋論》，四版（台北：作者發行，民90年），頁74-75。

28 同前註，頁67-68。

29 同前註，頁68-69。

30 許宗力，〈憲法與公民投票—公投的合憲性分析與公投法的建制〉，收於陳隆志主編，《公民投票與台灣前途—公投研討會論文集》，初版（台北：前衛出版社，民國88年），頁113-114。

然有做最高處分的權利。因此,即使憲法規定有關主權事務之處置交由某一憲政機關處理,該機關應該是受委託代爲處置,而非據此擁有該項主權。套用孫中山先生的話,就是「只盡其能,不竊其權」[31]。這就像房屋銷售公司代理客戶處理房屋買賣,但不能因此竊占客戶的房屋是一樣的道理。

公民對於與主權相關之事務,基於前述人民保留之原則自可以公民投票之方式展現集體意志,不過對於憲法中有明文規定委由憲政機關代爲處理之事項,人民是能否能以公民投票方式取消委託而自行處理?此一部分有相當之爭議,此處暫不討論,留待第三章討論與主權相關之公民投票的法律關係時,再進行詳細討論。

二、有關憲法的制定與修改的公民投票

在成文憲法的國家,憲法的地位往往都高於其他的法律,是位階最高的法律,所以憲法一般被稱之爲「根本大法」。正因爲憲法具根本大法的特性,因此憲法的制定一般而言都是由人民集體或由人民直接委託的代表來進行制憲的工作。此外在剛性憲法國家裏,憲法的修改則異於一般法律,較之具更大的困難與複雜度。因此修憲工作一般視同制憲的層次,由人民集體或人民直接委託的代表來進行修憲的工作。

憲法的制定與修改既屬於主權在民的層次,依據該原則的原理,人民自可對其以公民投票的方式表達集體意志予以變更或重新制定。不過憲法本文如果對此有明文之規定,則公民是否能擁有以公民投票之方式制定與修改憲法規定之權利,實不無疑問,爭議恐

---

[31] 孫文,〈中華民國建設之基礎〉,民國11年爲上海《新聞報》三十週年紀念而作。

亦難免。其中有關修憲部分絕大多數國家都會在憲法中明文規定修憲之程序，因為憲法之成長是現代憲法中必須具備的機制。所以修憲部分只須依憲法規定辦理即可。尤有甚者，部份國家之憲法在修憲程序中已有公民複決（constitutional referendum）之規定，因此相對於制憲部分來看，爭議較小。

然而，制憲的爭議就相對複雜許多。因為就憲政原理而言，任何憲法都有保護憲政秩序的義務，因此不可能設有自毀的機制，當然也就不會賦予人民以公民投票權利以毀滅現有的法秩序。所以要求行使此項權利者勢必會直接訴諸國民主權、天賦人權等理論以合理化自身的要求，可是現有法秩序的維護者又勢必拒絕人民可合法行使此項權利，兩者間的矛盾與摩擦自是難免。此項爭議一如前項，吾人將於下一章節中再進行討論。

三、有關法律案的公民投票

在一般的民主過程中，法律案、預算案、戒嚴案、大赦案、宣戰案、媾和案、條約案以及其他國家重要事項的制定是代議政治裏行政與立法兩權關係運作的核心。因此在正常狀況下，法律案等均由立法機關依正常的三讀程序予以議決和公佈。但在若干特殊狀況下，行政或立法機關有可能制定出或不制定出人民不需要或需要之法律案等，在此情形下政府機關的作為顯與人民意志相違背。基於國民主權之原理，人民當有權以公民投票的方式去改變政府行政或立法機關之決定。這類公民投票權利，在憲法學裏已有明確之概念。舉凡人民經過連署之程序，滿足法律要件後，得以多數之決定否決政府之法律案者，稱為複決權（referendum）；另但凡經過連署之程序並滿足法律要件後，得以多數之決定制定法律案者，稱為創制權（initiative）。換言之，創制與複決為公民投票制度裏的兩種型態。不過各國對賦予人民創制、複決權的內涵仍有很大之差異，

有些國家在法律裏對創制複決的對象有嚴苛之排除條款，將預算、稅賦、宣戰、媾和、戒嚴、大赦乃至環保等均排除在創制複決之外，但也有國家則不予限制。而有些國家如德國、美國則限定在州（邦）的層次賦予人民創制、複決權，但對聯邦部分則予以保留。

此類公民投票權其最大之作用乃在於防止政府行政或立法機構專擅濫權，侵犯人民權益，可以說是一種人民自救或彌補代議政治之不足的機制。所以目前全世界已有相當多數的國家在憲法、憲政法規裏設有此一制度，但是這並不表示此種制度即無所爭議。事實上仍有論者以為此制會妨礙正常代議政治的運作，故實有不可取之處[32]。事實上我國制憲過程中，制憲者對此即採這類的看法，所以才會造成目前我國憲制中對創制複決權採「技術封殺」的現象[33]。

四、有關地方自治事項及法規的公民投票

在地方層級的政府裏，不論是單一國的中央集權制或聯邦國的地方分權制，現代國家多已賦予地方政府有獨立的法人人格，因此大都在憲法中賦予地方政府自治權限。在此權限內，各地方政府依據國民主權、主權在民原理，自亦可在權限範圍內行使公民投票的權利，而且此類公民投票大多以創制、複決的形式行使其權利。此外，因為在地方權限範圍內少有涉及國家主權與國家安全的權限，因此在此一層次裏設有多重職權行使限制的情形就相對的比較少，可是仍有部分國家對此設有若干限制，如地方預算、稅賦、環保等。然而儘管如此，這也不是說這類公民投票權利的行使就毫無爭議，事實上一如有關法律案的公民投票，其爭議依然存在。

---

32 張君勱，《中華民國民主憲法十講》，一版（台北：台灣商務印書館，民國60年2月），頁42-47。

33 許宗力，前揭文，頁110-111。

五、全國或地方個別公共政策事項的公民投票

除了前述各項有關主權、憲法以及全國或地方的法律案之外，與人民日常生活最為密切相關的可能就是一些具體的公共政策個案，如高中職或大學院校之學費費率、垃圾處理費用的隨袋徵收、各種焚化爐的興建、坪林交流道的興建、核四的興建、美濃水庫的興建乃至加入世界衛生組織（WHO）等等不一而足。這些個案看似瑣碎，但的的確確與人民生活環境或品質息息相關。如果說國民主權就是人民當家做主，那為什麼人民不能對此表示意見？然而政府設行政與立法機構，並且規定其彼此的互動關係，其目的即為要求此二憲政機關中的人員依據本身的職責為人民解決這類的問題，此乃其法定職責，如若任其交由人民以公民投票方式自為決定且自負其責，豈不與責任政治之原理相違悖？前面這段論述的兩個問號之間，其本質上即相互排斥，可見這是一個很難找到唯一正確答案的難題。考諸各國先例，雖說雙方均能找到支持己方立場的例證，但也都存有反證。我國論者尋諸憲法依據，有提出直轄市與鄉鎮因無「憲法保留」問題，而取得得以舉行政策公投之空間，但中央與縣則因憲法有明文保留之限制，因而並無舉辦政策公投之空間的看法者[34]。此說當然有其論證的基礎和理由，可是站在人民的立場，部分人民得以就政策議題以公民投票方式解決問題，其他的人民就不行，形成「一個國家，兩種國民」的怪異現象，這豈能杜眾悠悠之口？

總之，就個別公共政策議題交付給人民以公民投票的方式去解決，的確是存在於個別國家的事實，因而形成公民投票制度中的一種重要類型。不過此一類型的公民投票固可解決部分紛爭，但也可

---

[34] 同前註，頁111-112。

能形成治絲益棼的後果。其爭議之大，恐不在其他各類公民投票制度之下。

六、諮詢性質的公民投票

前述五種的公民投票制度，基本上屬於一旦合法舉行其最後結果即會產生法律效果，亦即其結果具有法律的強制性。但所謂的諮詢性（consultative）公投則是合法舉行，但卻不具法律效果的一種公民投票形式。其目的只是就公投的主題探尋民意的看法，以作為政府機關的施政參考。所以有些論者以「大型民調」或「公信力與精準度都更高的民意調查」視之[35]。要之，此類公民投票因不具法律效果的強制性，因此它具有很大的彈性空間，因而可以視情況舉行。然而因它不具備法律效果，人民是否有意願參與？同時花費公帑在這麼一件看似重要卻又無實質效果的公民投票「活動」上，是否會有兒戲之嫌？不過，諮詢性公投雖不具備法律效果，卻可能產生相當大的政治壓力[36]，所以吾人也不能驟下斷語謂此為無用之舉，況且各國亦有此類公民投票制度的立法例，納粹德國時代這種類型的公民投票即為主要公投[37]類型，其他國家亦不乏成例。故而此類公民投票制度雖有爭議，但不失是一種重要的公民投票類型。

七、其他類型的公民投票仍可能繼續發展出來

要之，世界各國為符合自身政治環境的需求隨時可創造出一些公投型式，但必須符合公民投票的基本定義，亦即以公民投票的形

---

[35] 許宗力，《公民投票與台灣前途—公投研討會論文集》，民國88年，頁113。但亦有論者對此稱呼十分不以為然，請參閱
http://w6.news.tpe.yahoo.com/2003/9/27/polity/bcc/4278109.html。

[36] 陳隆志主編，前揭書，頁18。

[37] 蘇永欽，前揭文，頁24-25。

式來決定公共事務的選擇。例如，我國公投法第十七條設計所謂的
「防禦性公投」（或可稱之爲防衛性公投），亦即「當國家遭受外力
威脅，致國家主權有改變之虞，總統得經行政院院會之決議，就攸
關國家安全事項，交付公民投票」。這種只在特定情勢下所爲之公
民投票的形式，在世界各國現有的公民投票種類中，似尙未見到
過，故而從形式上來看，實不失爲一項創舉。惟此種公民投票的效
力爲何？在我國公投法中並未規定。2004年與總統大選同時舉行的
「防禦性公投」，其結果是兩項議題均遭到公民投票的否決，但事後
執政當局仍按照政府原先之計畫決定繼續向美國購買反飛彈設施。
這種結果顯示，依據公投法第十七條所舉辦的公投，其結果只具有
政府施政的參考性效力，類似於諮詢性公民投票。如果防禦性公投
在性質上確實是一種諮詢性公民投票，那它就不是一種新的公民投
票種類，而只是諮詢性公投的另一種形式罷了。

　　此外，施行於瑞士的所謂「否決式創制」[38]（reject-initiative）
也是他國少見的公民投票形式。該項公民投票基本上屬於一種創制
權的性質與本文前述之有關法律案的公民投票類型相似。不過特別
的是，該創制的法案基本上是要否決議會已通過的法律案，所以又
具有複決的性質，它與一般複決案不同的是，它不是單純的否決政
府（議會）的法案，而是以具體的替代案欲取代政府法案，這往往
會迫使政府做出讓步，以防止政府法案遭全盤否決[39]。此外施行於
納粹德國的「人民詢問」（Volksbefragung）形式的公民投票則基本
上屬於諮詢性公民投票，並非特殊的公民投票類型。

---

38 此處中文採李明峻之翻譯，惟李明峻對此名詞之英文部分用rejective initiative，
　　經查閱原文應爲reject-initiative之誤。請參閱李明峻，〈國際公法與公民投票問
　　題〉，《新世紀智庫論壇》，第二期，民國87年5月，頁41-42。

39 Kris W. Kobach, "Experience in Switzerland," in David Butler & Austin Ranney
　　(eds.), op. cit. chap. 4, pp. 187-189.

　　以上的論述基本上是就公民投票的常見型式予以類型化，其行使之方式猶待進一步分析。在行使的方式上，基本可分成以下兩類：

（一）強制性（mandatory）行使

　　所謂強制性的行使乃指憲法或法律對某些規定欲生法律效力時，必須經過公民投票的程序，並且得到法律所要求之多數的同意。簡言之，凡是法律要求公民投票為產生法律效力之必要條件者，吾人稱其為強制性的公民投票。如某些國家的修憲程序就規定必須得到公民投票的同意使生效力，像法國第五共和憲法第八十九條第二項規定：「憲法…修改案尚須經公民投票複決認可，始告確定」[40]。或者某些國家規定某類法律必須得到一定比例的公民同意，使生法律效力，皆屬此種強制性的公民投票。

（二）任意性（optional）行使

　　所謂任意性的行使亦可稱為「選擇性行使」，意指對公民投票的舉行乃由政府機關（行政、立法或兩者兼有）或一定比例的公民連署發動然後交由全體公民票決者。此類公民投票的效果或具法律效力或僅具政府施政、立法的參考性價值並無定論，必須再看該國相關法律的規定為何，才得以確認其法律效果。然而正因為這類公民投票的發動機關有政府機構和公民連署的差異，因而在形式和效果上都會產生差異性。一般而言，由政府機關發動者並不一定會產生法律效果，可能只是一種諮詢性質的公民投票，當然政府機關也可能在發動公投前即依法言明該項公民投票之結果將發生法律的拘束性。所以這種由政府機關發動的公民投票有時候只是政府機關在相互牽制的過程中將此項公投當成是制衡另一機關的武器而已。故而反對直接民權的論者常謂：「公民投票看似直接民主，實際上卻是

---

40 David Butler & Austin Ranney ed, op. cit., pp. 27-28.

破壞民主機制。」[41]至於，公民連署發動者，一般均屬創制或複決的性質，因此並無諮詢性質可言，因而其最後的效果必然具備法律效果。亦即該任意行使的公民投票，只要符合法律所規範之行使要件，無論結果為何，均具備法律的拘束力。

以上兩種公民投票的行使方式，若再就其行使標的的性質區分為創制（initiative）、複決（referendum）案與政策性的公民投票（policy voting）時，創制部分並無強制性的行使方式可言。因為創制案在基本性質上為人民直接立法權，其目的在補充或對抗議會在行使委託立法權時的不足與懈怠現象。因此，當部分人民感覺有發動創制案的需要時，即可依法律要求的程序和要件辦理，故其屬於任意性，不可能產生強制性的創制。然而，複決的部份就完全不同了，因為複決權的發動可能由人民或政府機關發動，也可能是法律的規定採納，因此可能會有強制性複決（mandatory referendum），也可能會有任意性複決（optional referendum）。其他有關政策性的公民投票，一般均由政府機關或人民選擇性的舉辦，自然只有任意性而無強制性可言。

---

41 Ibid.

第四章　公民投票制度的法律問題

第一節　國家主權與住民自決公民投票的法律問題

　　與國家主權相關的公民投票在世界各國公民投票的歷史紀錄裡，一直占有相當重要的地位。依據巴特勒（David Butler）和藍尼（Austin Ranney）的統計，在1552到1993的四百多年間，世界各國與領土主權的合併、割讓、聯合、獨立等相關的公民投票即有一百四十三次之多[1]，約占全部近一千次公民投票中的一成多比例，可謂相當的高。而仔細檢視這些公民投票紀錄可以發現，1945年二次大戰結束後，許多亞、非、拉丁美洲原殖民地國家的獨立運動占最高的比例。換言之，二次大戰後全球國際政治結構發生巨大的變化，導致原先遭殖民的國家或地區紛求獨立，而這些國家的獨立程序在最後階段幾乎全部是借重公民投票的程序[2]。可見，用公民投票的形式來解決殖民地獨立或其他領土的併合與獨立問題，已成爲最重要的一種民主型式。

　　與主權相關的公民投票，其主要的內涵爲領土的併合或統一、

---

1 David Butler & Austin Ranney (eds.), *Referendums Around The World: The Growing Use of Direct Democracy* (Washington, D.C.: AEI press, 1994), Appendix B, pp. 286- 295.

2 當然也有許多未經公民投票程序即進行主權領土割讓、兼併或獨立的例子。如台灣在1895年割讓予日本即未經公投程序。1945年後朝鮮、越南等的獨立亦未經此程序。

領土的割讓、分裂或獨立、民族自決（national self-determination）、加入或退出國協（confederation）、提高地方自治權（autonomy）、國際組織託管地（自治領）的解決等。如1945年10月外蒙古的獨立、1958至1970年代中期，法屬非洲的原殖民地繼續留在法國國協或選擇獨立、1999年8月東帝汶（East Timor）的獨立等等，皆為屬於國家主權與住民自決公民投票的範疇。

這類與國家主權相關的公民投票雖然是近代各國解決主權問題的主要型式一，但這並不表示此一解決問題的途徑和型式是完全沒有爭議的。事實上，近代國家在解決國家主權的問題上，往往都是在歷經各種衝突、流血鬥爭後，在最後階段才採納公民投票途徑做為最後解決問題的手段，而且這還必須是在原殖民的宗主國同意的前提之下，才可能完成。而要宗主國同意，除非是國際情勢的逼迫使然，否則很少國家會欣然接受。這或許正可以說明，何以大多數的殖民地獨立運動都是在世界大戰之後的國際政治新結構之下，才得以完成，特別是上個世紀的第二次大戰之後，此一趨勢尤其明顯，因此許多亞、非、拉丁美洲的殖民地大量的在戰後獨立。這表示許多擁有殖民地的國家，在戰後已失去他們獨立掌控局勢的能力，所以才不得不改採較開明的態度來面對殖民地區民意的高漲和要求。然而，即便如此，衝突與暴力依舊充斥，令人鼻酸。就算到了上一個世紀的最後階段，東帝汶和俄羅斯聯邦（The Russian Federation）的車臣共和國（Chechen Republic）依舊發生令人髮指的武力鎮壓事件，犧牲者成堆的白骨實在令人不忍卒睹。最後東帝汶終於在1999年成功的以公民投票完成獨立，而車臣至今仍舊處於漫天烽火的慘境。

戰火的殘酷和對公民投票的憧憬，一直是爭取解決國家認同和主權爭議國家、地區人民內心裡最大的矛盾和夢魘。就理想面而言，居住生活於某一特定區域裡人民，基於各種理由不願繼續認同

原屬的國家而欲尋求獨立，基於天賦人權、民族自決、國民主權等各種理由都應有權決定自己的前途，這是1918年一次大戰後美國總統威爾遜（Woodrow Wilson）所揭櫫的理想，且已為多數人所認同。可是從事實面觀之，卻又未必如此。殘酷的史實告訴世人，除了極少數幸運的人之外，多數尋求獨立的國家、人民不論最後是否能遂心願，其過程經常是充滿暴力和血腥。這是一種理想與事實之間的矛盾與無奈，也是政治與法律之間難解的問題。主權爭議之所以如此難解，實在是因為主權議題往往都牽涉著惱人的民族主義（nationalism）情緒。分離主義者追求的是自身的民族利益，而反對著往往又醉心於另一種民族情緒和利益，兩者相互矛盾且難有交集。最後只好訴諸人類最原始的情緒，試圖用最不文明的方式來解決。許多人不禁要問：何以至此？難道就沒有其他途徑來解決？

　　用公民投票的方式來解決這些難題似乎是最民主也最合理的方法，可是引用公民投票的方法解決主權爭議的合法性問題，恐怕就有頗大的爭議。因為這些尋求主權獨立或聯合的行動，在原有的法秩序裡往往是不被允許的。主權這個概念是具有不可分割與不可侵犯的特性的[3]，而這些主權爭議的主張，往往都涉及主權的分裂、分割或放棄，這自然與現有的主權相互衝突，現存的法秩序自然無法允許。當然論者有以人民保留（popular remains, Popularvorbehalt）的概念主張人民才是國家主權的最高擁有者，因此以公民投票方式對主權爭議做最後也是最高的解決，無疑的應該是合法、合憲的舉

---

3 此處所探之概念是屬於古典主權理論，筆者在此處之所以不採新主權理論，原因在於此處所論述者較偏向於一國內部事務，這與新主權論較偏重於主權對外之意義稍有不同，故此處不採新主權理論的觀點。有關新主權理論，請參閱，陳新民，《中華民國憲法釋論》，（台北：自印，民90年1月，四版修訂），頁78-83。

措[4]。此說自有其一定的道理，可是問題在於此處所謂之「人民」的範疇爲何？是指原主權範圍所涵蓋之全體人民，還是只指稱涉爭區域內的人民而已？如果是指稱全體人民，顯然無法讓涉爭區域內的人民接受，因爲這是一種多數暴力，非涉爭範圍內的人民少有同情涉爭者立場的。反之，若只是指稱涉爭範圍內的人民得以參與公民投票，那又違反現有法秩序裡的平等權原則，等於是讓部分人民決定主權變動事項，這完全違背憲政主義（constitutionalism）的基本原則。所以從法理來看，對主權議題或民族自決議題進行公民投票，本質上就是一個根本不能圓滿解決的難題。所以最後只好訴諸政治手段，更糟糕的情況是，當溫和的政治手段也無法解決時，往往就陷入戰火的相互毀滅中了。

此外，人民保留原則基本上是指人民對主權事宜雖大都交由國會處理，但人民只是委託（mandate）國會代爲行使其權力，受委託的議員只是受託人（trustee），並不能竊奪人民的主權[5]。但問題是人民交付委託的權利範圍爲何？所謂主權的內涵又爲何？這些問題如果在憲法內有明確的規範，那問題還算單純，只須依憲法之規定辦理即可，如果發生認定上的疑義，即交付權責機關解釋或判決即可；然如若憲法的規定十分模糊，甚至根本未做出規定，那又該如何去認定：哪些問題可交國會處置，哪些問題又該交付人民公決？特別是在不成文憲法的國家，因爲根本沒有成文的法條可供依循，憲法地位與一般法律相同，如此一來又該如何確定哪些法律可由國會定奪，哪些法律又該交由人民公投[6]？這個難題，不論是在

---

4 許宗力，〈憲法與公民投票—公投的合憲性分析與公投法的建制〉，收於陳隆志主編，《公民投票與台灣前途—公投研討會論文集》，初版（台北：前衛出版社，民國88年4月），頁113-114。

5 同前註。

6 Vernon Bogdanor, "Experience in Western Europe," in David Butler & Austin Ranney (eds.), op. cit., pp. 46-47.

不成文憲法的英國、以色列，或其他成文憲法國家裡都是十分惱人且難解的問題。

舉英國為例，英國是由巴力門（Parliament）（即國會）來決定是否該交由人民以公民投票方式解決問題[7]，但這等於是說權利委託人必須得到受託人同意才能將權利收回，這與權利所有權應屬委託人的原意不符。但為了解決問題（不論是理論或實務上的問題），也只好這麼處理。英國在上個世紀裡動用全國性公民投票的次數只有一次[8]，是因為巴力門無法解決英國是否該加盟歐洲共同體（European Economic Community, 1975）的爭議，最後只好以公民投票的方式解決。其實英國國會議員之所以不願意就此問題由巴力門做出決定，乃係不願負最後的政治責任。英國政治學者范納（S. E. Finer）說：「這次的公民投票是英國政治上的彼拉多」（It's the Potius Pilate of British politics.）[9]。換言之，英國國會議員不願意做「惡人」，就像聖經故事裡的彼拉多一樣，即使必須判決耶穌死刑，他也必須洗手以示人表示處死此義人實非其本意。而1992至1993年間，英國再次為了是否該批准馬斯垂特條約（The Treaty of Maastricht）以便加入歐盟（European Union）而陷入政爭，可是此次英國的主要政黨卻在巴力門裡以多數否決了將此案交付公民投票的提議。從這些例子可以看出，英國這個老牌民主國家在「議會至上」（parliamentary supremacy）的原則下，除非巴力門同意將議案交付公民投票，否則人民是無權過問公共事務，即使是與主權相關的議題，亦復如此。

---

7 Ibid.

8 Vernon Bogdanor, "Experience in Western Europe," in David Butler &Austin Ranney（eds.）, Appendix A, op. cit., pp. 266-284 .

9 S. E. Finer（ed.）, *Adversary Politics and Electoral Reform*（London: Anthony Wigram, 1975）, p. 18.轉引自David Butler & Austin Ranney（eds.）, op. cit., p. 43.

由此以觀，前述的問題好像獲得了解決，然從法理邏輯來看，問題依舊存在。因爲在英國這種慣例（custom）下，人民保留權利的範圍實質上等於是由受委託的巴力門來決定，這在法理上是有瑕疵的。

另外，對成文憲法的國家而言，除非憲法明文規定人民可對國家主權事項進行公民投票（如瑞士），否則這類公投是不被允許的。當然，即使是在這種限制下，部份成文憲法國家依然可設法變更另一種方式來舉辦類似諮詢性（advisory）的公民投票，如義大利在1989年4月，即針對是否授權歐洲議會（European Parliament）草擬歐洲聯盟協定（亦即後來的Maastricht Treaty）進行一場諮詢性公民投票，就是最好的例子。義大利是西歐除瑞士之外，使用公民投票次數最多的國家。依據蓋樂佛（Michael Gallagher）的統計，至1995年底爲止，義大利共使用公民投票四十二次，其中在1970至1995年間使用三十九次[10]，佔全部的92.86％。由此可見義大利在公民投票制度的研究課題裡是除瑞士、澳洲之外最重要的國家。義大利在1975年之後，人民靠著公民投票制度進行了政治改革，就像柏達納（Vernon Bogdanor）所說：「公民投票制度確實扮演了推動義大利更符合多數統治政治原則的新政治制度之角色。…許多人認爲公民投票制度對義大利人民的福祉做出了很大的貢獻」[11]。不過義大利憲法其實並不允許涉及國家主權的公民投票，依據該國1947年憲法第七十五、一百二十三、一百三十二、一百三十八等條文的規定，公民投票只適用於修憲、地方自治以及所謂的廢止性公

---

10 Michael Gallagher & Pier Vinceuzo Uleri (eds.), *The Referendum Experience in Europe* (NY: St. Martin's Press, 1996), p. 231.

11 Vernon Bogdanor, op. cit., p. 69.

民投票（abrogative referendum）[12]，甚至明文規定有關稅法與財政、赦免或減刑以及國際條約等事項，不得做爲公民投票之標的[13]。因此人民依憲法七十五條申請行使廢止性公民投票時，必須先送請該管法院進行審查。法院在受理後須先就該申請案是否屬稅法財政、赦免減刑以及國際條約之範疇，如果法院認定屬此範疇，即須予以駁回；如果符合規定則須再進一步審查該項申請案是否符合法理邏輯，所請是否合理？如果法院認定不符合憲法規定，即可予以駁回。例如，1970至1987年間，三十三件公投申請案中即有十四件遭駁回[14]，駁回率達42.42％。可見，雖說公民投票制度對義大利政治改革著有貢獻，但其法律限制不可謂不嚴謹。因此，依該國憲法規定看來與國家主權相關之公民投票，是被禁止的。除了前述1989年4月，義大利以諮詢性公投技巧性的舉辦過一次與國際條約相關的公民投票外，基本上與主權相關的公民投票是不被允許的。

對公民投票制度來說，最值得研究的當然就是瑞士，而瑞士聯邦也是個成文憲法國家。該國自1848年成立瑞士聯邦以來，她所舉辦的公民投票次數已超過其他國家公民投票次數的總合，所以毫無疑問的，瑞士堪稱是當今直接民主的典範[15]。瑞士與義大利雖同樣是成文憲法國家，但他們對待與國家主權相關之公民投票的態度卻迥然不同。義大利的態度是傾向不允許舉辦與國家主權相關的公民投票，但瑞士卻採開放的態度。瑞士憲法雖未明言可以舉辦改變國

---

12 所謂廢止性公民投票其實就是人民發動的法律案複決權，亦即法律公佈後，人民可連署廢止該項法律。請參閱，Vernon Bogdanor, op. cit., p. 63.

13 Vernon Bogdanor, op. cit., pp. 63-64.

14 Ibid. p. 64.

15 Kris W. Kobach, "The Referendum Experience in Switzerland," in David Butler & Austin Ranney (eds.), op. cit., pp. 98-99.

家主權的公民投票,但卻規定對修憲既可創制修憲案亦可強制複決修憲案,也可以對國際條約行使任意的複決權,亦即瑞士公民可透過修憲案以及國際條約的複決來對可能涉及國家主權變動的事項表達意見。由此吾人可以推知,瑞士聯邦的法律體系基本上允許對國家主權的事項進行公民投票,但瑞士的公民投票紀錄上,自1848至1993年間完全沒有處理過主權的割讓、兼併、獨立或民族自決之類與國家領土相關的變動事宜,惟處理過六次與國際條約相關的事宜,其中三次是處理自由貿易協定(1923.2.18)、借貸給國際發展協會(1976.6.13)、加入國際貨幣基金和世界銀行(1992.5.17)事宜,兩次處理是否加入國際聯盟(1920.5.16)以及是否加入聯合國(1986.3.16)事宜,一次處理國際合作開發案(開發 sp`ol 河,1958.12.7)[16]。由此項統計資料來看,瑞士法律體系雖未禁止國家主權的公民投票,但實際上瑞士人民卻很少使用這項權利,甚至可以說他們不處理國家領土主權的變動事宜,最多是處理與國際條約相關的權利、義務事宜,而且該國人民對此基本上十分的保守,連加入聯合國的提議都遭到否決,瑞士人民對此類事務在態度上的保守,由此可見一斑。

　　總之,與國家主權或民族自決相關的公民投票極具爭議性,在法律上除非現有的法規範允許這類公民投票的舉行,否則它極可能會引發難以收拾的衝突。這些衝突在實務政治上會引發相當大的情緒對立,而在法律上也會引發很大的矛盾和法理上的不一致。一般來說,現存的法規範其目的是在維持國家社會現有的法秩序,而主權變動性質的公民投票卻可能引發現存法秩序的破壞,因此絕大多數的國家對此基本上是抱持著保留的態度,特別是廣土眾民和國內民族複雜的國家,對此尤其謹慎。而在這些不允許主權性質公民投

---

16 Kris W. Kobach, table 4-1, p. 119.

票的國家裡，在法理上自然不會預留主權變更的空間，但如其國內卻存在如此的政治矛盾，最後終將導致以政治甚或是武力的方式去解決，俄羅斯對待車臣共和國的方式，就是最好的例子。

　　當然，如果相關的憲政法規允許這類公投的存在，如瑞士、加拿大等國，或者是修憲幅度採高度開放的態度，甚至允許憲法的全部修改（如瑞士、西班牙），那狀況自又不同了。不過，即使是如此，這類公民投票所可能引發的社會衝突，仍舊是相當的大。或許正是這個原因，使得瑞士雖然允許此類公投，但一百五十年來卻幾乎不發動這類公投。而加拿大雖然為了魁北克（Quebec）問題而舉行過這類公民投票，但次數也只有1980年5月和1995年10月兩次[17]。由此以觀，世人對此類公投在態度上雖或有開明與保守的分野，但基本上都極力避免舉行此類公民投票的需要，卻是相當一致的。

第二節　制憲與修憲公民投票的法律問題

　　憲法是國家的根本大法，可以說是「萬法之法」或「萬法之母」，特別是在成文憲法國家，憲法的法律位階是最高的，任何法律都不得違背憲法，否則即不生效力。例如，我國憲法第一百七十一條規定：「法律與憲法抵觸者無效」。而不成文憲法國家因為無成文的憲法法典，因此具憲政性質的法規一般均以普通法律的形式呈現，或者以憲政慣例（convention）的形式呈現，因而沒有法律位階的問題，但在慣例上具憲法性質的相關憲政法規的神聖性仍舊是很高的，它是統治者和被統治者之間共信共守的原則，其穩定性不但不低於成文憲法國家，甚而比許多成文憲法國家的憲政秩序更

17《聯合報》，民國84年11月1日，第13版。

加穩定。

　　然而不論是成文或不成文憲法國家，隨著時代的變遷和發展，其憲法均有隨之變遷的必要性，這種變遷和發展的現象吾人稱其為「憲法的變遷」[18]。而憲法變遷的途徑除憲政慣例、憲法解釋、和法院判例之外，在成文憲法國家裡修憲是最正式，效力也是最強的一種變遷方式。因此在成文憲法國家裡修憲是極其重要，影響也極其深遠的一件大事。在不成文憲法國家裡，因為無憲法法典的存在，因此並不存在修憲的問題，可是這並不表示其憲法可以隨時改變。以英國來說，凡是涉及憲政法規的變動經常是得經過長時間的辯論，甚至是好幾次國會的改選後才得以變動。而以色列更是因為強敵環伺國家處境危殆，所以自1948年獨立以來，對於九項具憲法性質的基本法律（Basic Law）極少變動。所以對不成文憲法國家來說，並不見得因為沒有憲法法典的存在，就經常進行具修憲性質的憲法變動。

　　然而，不論修憲程序是如何的慎重和困難，當國家所處環境裡的思想、觀念、社經狀況發生巨大之改變，甚或國際環境發生劇變的時候，憲法會發生必須改變的內部壓力，此時憲法勢必要有所轉變以資因應環境的改變，否則憲法即會發生破毀的危機，對國家、社會和人民而言，都是十分不利的。

一、修憲的類型

　　基於上述理由，所以各國憲法都會設計修憲的機制，特別是成文憲法國家，更是會明文規定修憲的程序與要件。各國修憲機制的

---

18 此處吾人對憲法變遷的概念採劉慶瑞之見解。請參閱：劉慶瑞，《中華民國憲法要義》，自版（台北，民國76年），頁17-25。

設計雖有各種的型式，但歸納起來大致有下列四類：

（一）由國會機關擬定修憲草案，並由國會通過

國會基本上是受人民委託行使主權的代表機關，因此可以基於人民所賦予的權力擬定修憲提案，然後再以國會多數的通過完成修憲。不過所謂國會多數，其條件不一。柔性憲法國家基本上以普通多數即可通過修憲案，如不成文憲法的英國；剛性憲法國家則要求絕對多數方可通過修憲案，而多數成文憲法國家屬於剛性憲法的範疇。例如，採成文憲法的我國在 2000 年第六次修憲前的修憲程序（憲法一百七十四條），即屬此類[19]。中華人民共和國亦屬此類。

（二）由國會機關擬定修憲草案，再由各地方議會複決

部分國家的修憲規定由國會本於憲法所規定之職權發動修憲程序，完成提案並通過後再交由地方的議會複決，多數地方議會通過後方始生效。如美國修憲程序即屬此類。

（三）由國會機關擬定修憲草案，再由公民複決

若干國家則授權國會機關發動修憲提案，在依憲法規定條件通過修憲案後，經過法定公告期之後即交付公民複決。如義大利、瑞典、丹麥即屬此類。法國第五共和憲法第八十九條的修憲規定較為複雜些，與本類修憲程序不完全相符，但筆者認為大體上仍可歸為此類。而瑞士聯邦修憲程序也較複雜，但其一般的修憲程序屬於此類，特殊情形下屬於第四類。

（四）由人民創制修憲提案，再交付公民複決

極少數國家允許人民依憲法規定的要件和程序，得以提出憲法

---

19 我國憲法 174 條所訂定的兩款修憲程序，發動機關雖有不同，但基本上均屬具國會性質之機關，故筆者將之列入此類修憲類型。2000 年修憲後雖仍維持立法院提案，國民大會複決的形式，但實質上已具公民投票的意義。

修正案，在滿足憲法所規定的條件後得以提交公民複決。瑞士聯邦即允許人民創制修憲提案，但屬特殊情形。

以上之分類係為了類型化的方便所做之分類，實際的情形會比較複雜。有些國家會兼具其中幾類的規定，如前述之瑞士。又有一部分國家具有修憲發動權者不限於國會，國家元首及總理也擁有修憲提案權，如第五共和法國即為這種類型；義大利憲法第一百三十八條則規定除非國會兩院都是以三分之二的絕對多數通過的修憲案，否則只要是有五十萬的公民連署，或者國會兩院任一院的五分之一議員，或是五個區域議會（regional council）的要求，即可對國會已通過的修憲案進行公民複決[20]；我國在2000年第六次修憲後將修憲程序更改為由立法院提修憲案，通過後成為修憲提案，再經公告半年後，以比例代表制選舉國大代表，最後再由國民大會確認完成修憲。所以我國現行修憲程序屬於前述第一、三兩類的混和制，既屬國會發動、國會確認又具有公民投票的精神，但基本上筆者認為更接近於第三類[21]。所以各國修憲模式其實是十分複雜的，然而如果我們用求同存異的方法予以歸類，則除了少數國家外，大都可將之歸入以上四種類型，或其混合型。

---

20 Vernon Bogdanor, op. cit., p. 62.
21 筆者於2000年擔任第三屆國民大會代表，實際參與該次修憲的政黨協商及正式的修憲。我國現行修憲程序之所以會做如此複雜的設計，關鍵在於2000年總統大選後，長期執政的國民黨第一次失去執政權，為防止新的執政黨東施效顰，師法過去國民黨在李登輝時期一人、一黨強力主導修憲的情事再發生，故而聯合新黨國大黨團主導修改。民進黨方面因為長期主張廢除國民大會，該次修憲在大法官釋字第499號解釋之後，國民大會已失去存在的正當性，民進黨方面急欲抓住機會廢除國大，而新黨方面卻又希望留住國民大會以維持憲政體制的完整性，故而三黨協商後決議讓國民大會既有存在之名卻無存在之實；修憲過程則是有公投之實卻無公投之名，故而設計成目前之模式。

二、修憲應否有界限

接著吾人將討論另外一個與修憲法理密切相關的議題，即修憲是否應有界限（boundaries）？

德國威瑪時期的憲法學者卡爾‧施密特（Carl Schmitt）繼承法國大革命時代的理論家希耶（Abbe Sieyes, 1748-1836）有關制憲永恆論的主張，並區分「制憲力」（constituent power）與「修憲力」（constituted power）。施密特認爲憲法可區分成「憲章」（charter）與「憲律」（constitution）兩個部分，憲章是該部憲法在制定時，指導該憲法的基本精神，是制憲者不可變更的意志，所以在進行修憲時不能更動；憲律則是展現制憲者基本精神的技術設計，這部分的設計只能反映出制憲者生活時期的經驗和知識，是會依社會的發展而有所變化，故爲制憲者可以變更的意志，因而是屬於可以變動的範圍。換言之，制憲力基本上高於修憲力，因此制憲力方可制定的憲章，不是修憲力所可隨意變更的；憲律的部分則是修憲力可及之處，自可隨時代之變遷予以更動[22]。

施密特此項主張對憲法學影響十分深遠，尤其是大陸法系國家對此更是重視，我國司法院大法官會議在釋字第四百九十九號解釋中，對國民大會1999年第五次修憲所爲之延長第三屆國大代表任期的修憲決定，做出「憲法中具有本質之重要性而爲規範秩序存立之基礎的原則，如聽任修改條文予以變更，則憲法整體規範秩序將形同破毀」的解釋。此一解釋實已宣示我國大法官會議也確採施密特的理論見解，施密特此一主張甚具影響力，由此可見一斑。

不過施密特的主張亦遭到強烈的質疑，其中最被論者反對者爲

---

22 陳新民，《中華民國憲法釋論》，四版（台北：作者發行，民90年），頁847-849。

「制憲力」何以必然高於「修憲力」？其次，「憲章」與「憲律」
又有何明確的區分？制憲力乃產生於制憲時期的民意，修憲力則產
生於修憲時期的民意，兩者皆為民意，僅僅因為制憲時期的民意早
於修憲時期的民意，前者即高於後者，這在道理上實在有些牽強。
何況所謂憲章與憲律的區隔，除非像義大利憲法第一百三十九條或
德國基本法第七十九條第三項「永久條款」中有明白的修憲限制條
款[23]，否則兩者界線模糊，很難釐清。所以不少國家並不採納施密
特的主張，並不同意「制憲力」必然高於「修憲力」，也不區分
「憲章」與「憲律」，甚而認同憲法可以「全盤修改」（total
revised），如瑞士聯邦憲法及西班牙憲法即有此制度[24]。

（一）修憲與制憲的差異

基於前面各項的討論，接著我們再來討論修憲與制憲是否應有
差異？從定義和性質上來說，修憲與制憲自有其差異性。所謂制憲
是指涉憲法的制定，也就是國家的創建者聚集人民的代表所從事的
一種憲法制定工程及其成果，它在基本性質上屬於原創性，所以只
可能發生一次。修憲則是就此已經存在的法制創造物，選舉人民代
表進行修補性的工程及其成果，它在基本性質上屬於補充性和修改
性，所以具有多次發生的性質與可能。

然而從實際的運作效果來看，制憲固有其原創性，但也不可能
完全限制住後來者的創意，經過修改後的憲法已非原有之物，更何
況修改者如果感受到任何原有設計的不合宜及侷限之處，自可完全
更改，必要時甚至可以廢棄原有的舊憲法，以全盤修改的方式全部
予以翻新，此時的憲法幾乎已經是全新的憲法，它與原憲法唯一的
牽連是它是依原有的修憲程序及要件，合法的予以全部更新。故而

---

23 同前註，頁849。
24 同前註，頁853。

就效果而言，修憲與制憲的差別實在不大，制憲所可爲者，修憲亦可完成，唯一的差別就只是制憲與修憲的名義及性質稍有區隔而已。

正因爲前述這種比較、觀察面向的不同，所以才會產生前項所謂修憲應否有界限的問題。凡從制憲與修憲的意義或性質面向討論修憲應否有界限這個問題者，自然容易傾向於贊同應有界限的論點，亦即贊同施密特的觀點。然若從運作效果面向討論同一問題，則較可能傾向於反對修憲應有界限的主張，亦即較反對施密特的觀點，推論到極端時，自然也可接受全盤修改的主張。

（二）公民投票與修憲、制憲

憲法的制定與修改本質上屬於國家主權的行使，因爲只有主權意志的展現才能製造具最高法律效果的憲法，或改變憲法的規範。因此也只有人民總意志的表達才能夠達到這種國家主權層次的意志表現。但如何才能以最適切的方式來表達這種人民總意志？各國所設計出來的辦法，顯然有相當大的不同，一如本節前面所討論的修憲類型。部分國家認爲國會是代表人民行使國家主權之所在，所以自然可以代表人民爲主權之行使，故而有第一、二類修憲類型。但亦有主張國會僅代表人民「行使」主權行爲，並未改變主權的所有者，因此必要時人民可收回部份的委託權改由自己親自行使，所以有前述第三、四類的修憲類型。不論是哪種類型的修憲方式，修憲權是國家主權的行使，此一性質是沒有爭議的。因此只要憲法有所規定，人民可以公民投票的方式參與修憲的過程並爲最後也是最高的決定，此乃合乎憲法法理的制度規範，其合憲性與合理性無庸置疑。同理，如果某一政治社群（political community）的人民躬逢建國階段，因而以公民投票的形式表達人民總意志，此種行爲毋寧是國家主權的行使行爲。此一階段因無既存之憲法，因而以此符合國民主權理念的方式，具體表達人民意志，實爲近代民主理念的實

現，故其合理性自亦無庸置疑。然而，當既存的國家，如欲以公民投票形式全盤修改既定憲法，從而達成創建新國家的目的時，這種方式是否合憲？則顯然就會有極大且難解之爭議。

首先，單以修憲是否能全盤否定舊憲法，就已存在很大的爭議，這在本節前面已討論過。不過，只要憲法同意這種修憲形式存在，那倒也無違憲之虞。但是任何國家的憲法恐怕都不會允許以修憲的形式顛覆既有國家，破壞現有的法秩序，從而完全新建一個法秩序。蓋法律之作用在維持既有之秩序，它並不具有創建國家的能力，該種能力基本上屬政治的範疇，而法律爲維持其獨立超然的地位，反而是極力避免涉入政治範疇。換言之，法律不是萬能的，屬於政治力範疇的事宜，法律是無能爲力的。因而如果行爲者欲以全盤修憲形式否定原憲法，甚而消滅原有之國家，重新建立新國家，就憲法學理而言，將無法找到解答，因爲從憲法學理來說，全盤修憲或有存在的空間，但消滅國家就不是憲法問題了，它基本上已是前述之政治問題。政治問題自然要以政治手段解決問題。更何況，在部份國家，消滅國家的行爲被視爲是違反刑法的行爲，要受刑法的訴究。當然也許有論者會辯稱刑法不能違反憲法之規範，否則無效。此固屬正確，但問題是如果刑法中對叛亂罪之處罰是憲法同意所存在者，亦即相關叛亂條款公佈後未爲有權的憲政機關宣告違憲，甚或憲法本身已做同意處罰叛亂之意思表示時，那當然就無違憲之虞。如我國憲法第二十三及五十二條之規定，似可間接得出我國憲法並不禁止對內亂、外患罪處罰的結論。其中五十二條對總統的刑事豁免權將內亂、外患罪除外，更可視爲內亂外患罪是須受刑事訴究的法理依據。總之，一旦修憲議題已跨越憲法範圍而進入政治範疇，此時雖不能說法律已絕無施展空間，但恐怕多已陷無能爲力之境了。

另外還有一個問題有待進一步討論，那就是依照修憲程序，特

別是在修憲程序允許以公民投票形式確認修憲的最後結果時，如果
修憲提案是更改國號議題，此時是否涉及消滅國家的問題？

　　這個問題的確是十分的複雜，因爲從表面上來說這只涉及修憲
問題，所以只要程序符合憲法的要求且該國未採前述施密特的理論
認定修憲可不受任何限制，此時前述問題似乎只是程序認定的問
題。然而從修憲議題的實質內容來看，問題就又複雜了。因爲更改
國號的動機、目的不同，其所導致的結果也就完全不同。如果修改
國號的目的只是恢復歷史舊有稱號或創新名號，那問題就單純多
了；但如果涉及創建新國家，同時併發國家主權分裂的爭議，那問
題的複雜度就完全不一樣了。這兩種情形，前者應屬修憲範圍，後
者的爭議恐怕就涉及是否有消滅國家的叛國問題了，這已非憲法法
理爭論即可解決，尤其是修憲採施密特的修憲範圍限制觀的國家，
這類爭論恐怕更難獲得憲法法理的支持，這種情形到頭來恐怕又得
陷入政治的範疇，很難在法律的層面獲得完滿的解決。特別如果涉
爭國家並未採公民投票形式確認修憲結果，亦即該國憲法對修憲採
「憲法保留」的態度[25]，同時又採施密特的修憲限制說作爲主要修
憲的理論，此時如貿然採公民投票形式試圖解決問題，恐將治絲益
棼，更增困擾。

第三節　關於法律案公民投票的法律問題

一、何謂法律案公民投票

　　法律案的公民投票是公民投票制度中使用頻率較高的一種形
式，此處所謂之法律案乃指經國會機關依法定程序制定並經國家元

---

25 所謂「憲法保留」意指憲法將該權限保留交付有權的憲政機關處理謂之。

首公佈的法律，其具體內涵可能指涉一般法律、預算、條約、戒嚴、大赦、宣戰及媾和事宜。不過，依戒嚴案、大赦案、宣戰案及媾和案的性質，以及各國實際處理公民投票案件的經驗，幾乎沒有以公民投票處理這四種案件的紀錄。換言之，宣戰、媾和案因其本質涉及緊急事故，已無可能以公民投票形式來取得人民的同意，否則將會造成緩不濟急之情形發生。戒嚴案同樣因為具有緊急之性質，故亦不可能以公民投票之方式處理。至於大赦案雖不具有緊急性，但依各國實施公民投票之經驗，未見有以公民投票處理大赦性質案件的紀錄[26]，故而此處吾人所討論的法律案，乃指涉一般法律案、預算案以及條約案。不過在本文的討論中，吾人因為條約案可能會涉及國家主權的變動，因此已將條約案併入與主權相關之公民投票一節中討論，此處不再贅論。本節所討論之法律案僅指涉一般法律案以及預算案。

二、法律案公民投票的類型

歸納世界各國實施法律案公民投票之經驗，法律案公民投票的表現形式主要有下列三種：

（一）公民創制法律案

公民如認為立法機關懈怠執行其職務，未能擬定人民欲求之法律，即可主動發動連署並於滿足法律要求之要件後，就人民所提法律案之原則或條文內容進行公民投票，如獲通過即完成該法律案之立法。惟若該創制案係屬「原則創制」，亦即前述人民所提法律案之原則，則將繼續交付立法機關依公民投票通過之原則擬定法律

---

26 David Butler & Austin Ranney ed. *Referendum Around the World: the Growing Use of Direct Democracy*（Washington: American Enterprise Institute for Public Policy Research. Co., 1994），op. cit., Appendix A, pp. 266-284.

案，完成立法程序[27]。蘇永欽認為：「人民創制的主要功能在補政府的不逮或懈怠」[28]，此話確實道出創制權的基本功能。不過雖說創制權的目的乃在於彌補代議政治之不足，但究其實亦有干擾正常法律制定程序之可能，因為「創制（為）不包含（在）正常決策體系內的創新」[29]，亦即它不是正常立法程序中的一環，而是為防止立法懈怠或彌補不足所設計的一種制衡手段。因此許多國家事實上對此制度乃採相當保留的態度，如丹麥、葡萄牙憲法規定，人民只有被動的法律複決權，完全沒有發動權，亦即無創制權。再如以直接民主聞名的瑞士聯邦，其人民可以主動複決法律案，但創制的標的卻只限於修憲案[30]。可見因為人民創制法律案可能會造成正常決策體系的紊亂，因此各國對此多持保留的態度。不過亦有些國家如奧地利和西班牙只賦予人民創制權，對於複決權卻相對於其他國家顯得保守[31]。所以各國對創制法律的公民投票一般均顯得保留，可是也有例外的情形。我國憲法對此種形式的公民投票顯得相當的矛盾，一方面憲法十七條規定：「人民有選舉、罷免、創制及複決之權。」，另一方面卻又把全國性的創制、複決權交付給國民大會行使（憲法二十七條第二項），形成了「間接的直接民權」[32]的矛盾情形。我國憲法學的先賢同時也是制憲國代的張君勱指出「…將創制複決等權之由人民直接行使者，交託於代議式的國民大會，自與

---

27 劉慶瑞，《中華民國憲法要義》，自版（台北，民國76年），頁17-25。蘇永欽，〈創制複決與諮詢性公投—從民主理論與憲法的角度探討〉，《憲政時代》，第27卷，第2期，（民90年10月），頁23。

28 蘇永欽，〈創制複決與諮詢性公投—從民主理論與憲法的角度探討〉，《憲政時代》，第27卷，第2期，（民90年10月），頁23。

29 同前註，頁22。括弧內文字為筆者為求行文通暢而加入的文字。

30 同前註，頁41，註7。

31 同前註，頁22。

32 許宗力，前揭書，頁110。張君勱，《中華民國憲法十講》，一版（台北：台灣商務印書館，民60年2月），頁46。

直接民權的原意不符。況僅有此四權的國大，尚不能與英國國會相抗衡。此種國民大會所行使之權力決不能與真正的直接民權相比，反而成為真正代議政治的妨礙而已。」[33]，可見得我國憲法二十七條是個頗具矛盾性的設計，可以說是妥協的結果。然由此吾人可體會出制憲當時制憲者對創制複決這類的直接民權機制是存在一種「既期待又怕受傷害」的奇妙心理，所以才會弄出現在我們所看到的矛盾條文。不過，持平的說，這種矛盾心理其實不只是我們有，不少國家與我們有一樣的矛盾心理，尤其是對創制權的部分特別有這樣的矛盾心理。

（二）公民被動複決政府交付之法律案

現代立憲主義（constitutionalism）的國家，基於法治政治（rule of law）和民意政治的原則，均採分權（separation of powers）和制衡（checks and balances）的原則做為權力行使的準則。在此原則的限制下，國家元首、政府的行政或國會機關彼此間在權力的互動上，難免會有扞格齟齬之情事發生。如何解決這些糾紛？各國依其憲政體制的設計，自有其一定的方法和途徑解決之。而此時如能引進人民的意志以做為解決紛爭的選擇途徑之一，就民主政治的原理而言，當然有其合理性。所以在一些國家即設計出這類直接民權的複決機制，即政府部門在法律規定條件下，依法將法律案提交人民以公民投票方式做最後的決定，因為人民在此情形下並非主動要求行使複決權，故以「被動複決」稱之。當然這項敘述只是基本型態，它仍有各種態樣的變化。要之，在此種複決權的類型裡，人民並非主動行使此權，而係應政府的要求行使。

發動這類複決權的既是政府機關，那麼政府機關的發動條件是

---

33 張君勱，前揭書，頁46。

什麼？是否政府覺得有發動之必要，或發動複決案對本機關甚或個人有利時即可發動？其實各國的制度設計不一。有些國家是在法律規定的情形下，強制舉行被動式的複決，如瑞士、澳洲、丹麥和愛爾蘭對修憲案的公民投票，其實就是此類型式[34]，只不過他們規定的是修憲案，而非一般法律案。在法律案的處理上，採強制複決形式的幾乎不存在，即使是瑞士也不存在法律案的強制性複決[35]。不過筆者以為，如果某法律於立法時即附帶條款規定該法於公民投票通過後始生效力，則應屬此類複決的一種形式。蓋因有時在立法過程中會發生極大之爭議，此時贊成與反對雙方若呈勢均力敵之勢，則該法案往往會受阻於國會，且可能拖延經年。此時正反雙方若能同意在條文內附加複決條款，實不失為一種解決途徑。當然這種情形也許不可能出現在實務的立法運作中，因為爭議雙方既有不可妥協的因素存在，當然也就很難產生「複決版」的法案，這或許正是到目前為止仍未見此類立法例的原因，何況還有其他方法可以解決此種困難。然筆者個人以為這不失為一種解決問題的選項（option），至少理論上是行得通的。

其次，部分設有公民投票機制的國家允許政府機關選擇性（optional）的將法律案交付公民複決，此稱之為「任意的被動式複決」，如奧地利法律的複決限於由國會提議，總統交付人民複決[36]者。丹麥憲法四十二條規定除政府財政、政府借貸、薪資與退休金、稅收、徵收、歸化、條約義務消滅等法律案外，涉爭法案在通過後的三天之內，凡單一國會（single-chamber）中的三分之一議員

---

34 Maja Setälä 原著，廖揆祥、陳永芳、鄧若玲翻譯，《公民投票與民主政府》，初版（台北：韋伯出版社，民國92年1月），頁92，表4.2。
35 David Butler & Austin Ranney ed. op. cit., table 4-1, pp. 110-129.
36 蘇永欽，前揭書，頁22。

提案即可將法案交付複決[37]。其他與丹麥同為北歐國家的瑞典、挪威均有類似的規定[38]。從這些國家的複決機制看來，這類型的複決是其中最重要的一種。不過此類任意性的法律被動複決案，因為發動複決的機關並未限定於國會，行政首長乃至國家元首都有可能是有權發動複決案的機關[39]，因此這種複決案有可能會干預議會正常功能的發揮，甚至被行政機關運用為牽制國會的工具。質言之，如果賦予行政機關任意選擇複決法律案的權利，行政機關即可能以此項權利牽制國會所制定之被行政機關視為是窒礙難行的法律案，進而規避行政與立法機關互動時所可能產生的倒閣或覆議（veto）責任，破壞代議民主。所以這種「以民意制約民意機關」，且又是由行政機關訴諸民意的制度確實會衍生政治難題。故而，目前世界各國除愛爾蘭和瑞士外[40]，少有採用此制者。

　　筆者以為，這種被動式的複決制度或許不能完全否定它存在之價值，但它仍必須是在一定的規範條件下運作，才可能發揮它預定的功能。質言之，直接民權的價值乃在於人民能在「需要」時才有介入正常代議政治運作的必要，在一般情況下，人民實無此必要，否則人民事必躬親，那又何須政府分官設職為民服務？尤其人民不能被異化為行政、立法機關互相牽制時的工具；相反的，行政、立法機關應該是人民防止政府濫權的工具，人民絕不能反而成了政府機關的工具。所以，人民只能是在需要時才介入，而所謂「需要時」，可由法律來界定。如前引之丹麥的立法例，當國會兩院任何

---

37 David Butler & Austin Ranney ed, op. cit., p. 71.

38 David Butler & Austin Ranney, op. cit., pp. 74-78.

39 Maja Setälä 原著，廖揆祥、陳永芳、鄧若玲翻譯，前揭書，頁92，表4.2。

40 愛爾蘭和瑞士是採被動式的駁回型複決方式，亦即由總統、首相（總理）或地方政府對國會制定中的法律案，可依法提起複決之議。請參閱，廖揆祥等譯，《公民投票與民主政府》，頁92。

一院的三分之一議員通過時，才能將法律案交付公民複決。或者筆者認爲，如果行政機關提案，國會同意時，也可交付公民複決。此時人民以「仲裁者」的身分出面解決政治爭議，似較妥當。當然或有論者會質疑，在這種限制下，人民似乎只能被動複決，似有違人民做主之公民投票本意。然吾人以爲只要同時賦予人民主動發動複決案的權利，亦即下一項本文將討論的主動複決權，即可彌補此項缺憾。如法國、希臘、葡萄牙、西班牙等四國所採之所謂「特別及非強制型的公民投票」，即類似此種機制設計[41]。

（三）公民主動提案複決政府之法律案

依據公民投票制度的基本精神，人民如對國會所通過的法律案覺得不滿意，因而依據法律規定之程序與要件，發動複決法律案，毋寧是最爲符合公民投票精神的制度。蓋代議政治的精神是人民委任人民代表制訂符合人民意志的法律以供政府與人民遵守。然而，在人民代表實際履行人民委任的任務時，有可能發生違反部份人民意志的情形，爲彌補此一缺憾，允許部分人民發動複決提案，然後由全民做最後的決定，此乃符合設置公民投票之意旨。當然此種制度設計是有可能干涉國會正常功能的發揮。不過此乃有必要時才須發動的舉措，何況民意機關確實亦有違背人民意願之可能。再者，由人民發動的複決案，仍須全民做最後之決定，如若多數人民同意複決該一涉爭之法律案，而該項法律如照原來的時程付諸施行的話，極可能引發民怨。如果能設計此種彌補措施，實不失是一種具有改善功能之機制。

惟考諸各國實際的經驗，此種由人民發動的複決案，根據Maija Setälä的整理約略可歸納爲兩種次類型[42]：

---

41 Maja Setälä原著，廖揆祥、陳永芳、鄧若玲翻譯，前揭書，頁90及頁92，表4.2。
42 同前註，頁87。

1.駁回型複決案（overruled referendum）

「駁回型的公民投票是停止一項立法草案，該法案已經為國會的多數所接受，但尚未成為法律」，換言之，此一類型公民投票的目的是阻止某一法律案成為正式的法律。瑞士、丹麥、愛爾蘭等少數國家存在此種類型的公民投票制度，義大利甚至存在此種類型的駁回修憲提案的複決案。

2.廢止型複決案（abrogative referendum）

「廢止型的公民投票是終止一項已經施行的法律」，換言之，此一類型公民投票的目的是廢止一項已經成為法律的法律效果，使其喪失法律地位。瑞士及義大利均存有此一制度，義大利憲法第七十五條即是最為明顯的例子[43]。

由這兩種人民主動提案複決法律案的類型看來，人民發動複決案的目的是想要廢止法律的效果或終止已經啟動的立法程序，因此當然會發生干擾或阻礙正常代議政治的功能。但這是實施直接民權的必須代價，故而只要人民不是經常行使此種權力倒也不至於過於妨礙正常的代議功能。

另外，從法理的層次來看，尚未真正產生法律效果的法律案，如果在立法過程中即遭到複決權的阻止，也就是前述駁回型複決案的否決，此時因為此案尚非法律，故而與法律無干。因此，只要法律允許人民擁有此種權力，人民自可依法行使該項權力；唯若法律並未賦予人民此項權力，而部分人民卻又主張行使時，那自然會引發干擾國會運作甚或是藐視國會以及其他的法律責任問題。至於，已經發生法律效果的法律案，除非法律允許人民擁有提出廢止型複

---

43 David Butler & Austin Ranney ed, op. cit., pp. 63-65.

決案的權力，否則人民是無法以此權終止法律的效果。

　　總之，從公民投票的基本理論來看，吾人以為無論是駁回型或廢止型的人民主動複決權均符合公民投票的原理、原則。可是從法理上來看，卻必須要看法律是否賦予人民此項權力。蓋因此權之行使可能會造成法規範、法秩序的改變，因此除非有法律的依據，否則它不可能會被允許存在。亦即已具法律效果的法律，除非依法予以廢止，其他途徑不可能終止其效力。

三、法律案公民投票的法律問題

　　前述三種在性質上屬於法律案的公民投票制度，其中第一類和第三類，亦即人民的創制權以及主動複決權，筆者認為它們的法律問題不大。基本上只要憲法明白賦予人民此類權力，然後在普通法律的層次上又有權力行使的規範，那麼依法行使該項權力即可，實無太多的法律爭議。至若憲法或一般法律均未賦予人民此種權力，那就創制權的部分而言，實無可能產生具法律效果的法律，亦即法院不可能執行不具法律效果的「創制」結果。同理，法院也不可能拒絕適用未經正常廢止程序而遭「複決」否決掉的法律。因而，只要是不具法律依據的創制或複決，它都不可能產生法律的效果，因而吾人才會說這兩類的法律案公民投票所可能引發的法律問題，並不嚴重。

　　不過，屬於第二類的公民被動式的複決政府法律案，其所可能引發的法律問題，就相對的複雜。

　　首先就「強制的被動式複決」來說，基本上此種類型的複決雖在理論上可能存在，但在各國實際的成例中並不存在，這一點前文已經說明過。不過即使理論上可以存在，它的合法性大致也沒有問題。因為在定義上所謂「強制性」，即是法律的強制，換言之，就

是法律規範此類法案最後必須交付複決才會發生法律效果。所以如果有強制性的被動式複決，本質上它是合法的。

　　其次就「任意的被動式複決」來說，其合法性及合理性都存有極大的問題。因為所謂任意的被動式複決它的發動機關就不是人民，而可能是政府的行政首長、國會機關，甚或是國家元首，這一點在前文中已有論述。而且它的發動是隨機的，亦即發動機關覺得有必要即可發動，這對正常的代議政治來說無疑的是一種戕害。而且在更糟糕的情形下，此類公投還會成為政爭的工具。當然就世界各國的成例來看，事實存在這種制度一如前文所述。不過即便是如此，筆者仍舊覺得實在不妥，因為在民主政治裡，人民無論如何都不應該成為政爭的工具，而應該是政爭最後的仲裁者。況且，如果此種做法並無法律依據，只是政府機關隨意發動的政治動作，以此爭取民意背書以作為對抗另一憲政機關（通常是國會）的「武器」，那該國政局極可能因此陷入更大的爭議，甚而引發憲政危機或內戰。而若法律確有授權，那或許在合法性上不至於造成瑕疵，但它的政治紛爭恐怕仍舊不能獲得太多的紓緩。亦即就法律而言，它或許合法，但就政治而言，爭議猶在。所以最好避免此類複決。如果確實需要採納此制，那首先一定得有法律依據，最好是憲法上的依據。其次，即使由行政首長、國家元首發動，也一定要得到國會同意，一如前文所引奧地利或丹麥的立法例。亦即在行政、立法雙方均同意以公民的複決方式做為解決爭議的情況下，才可能化解紛爭，否則行政與立法機關雙方為此挾民意以自重，實在是既危險又違背民主真諦的做法。

第四節 地方自治及法規公民投票的法律問題

　　所謂地方自治及法規的公民投票，在性質上為地方性的公民投票。一般來說，因其政治爭議性較小，因此較諸全國性的公民投票，有更多的國家允許地方性的公民投票，如美國各州自行制定公投制度，聯邦無權干涉，德國也有類似的規定。這些都顯示出，因為地方性的公民投票其政治性質較輕微，因此可能引發的敏感問題也較少，故而部分對全國性公民投票制度採保留態度的國家會允許存在地方性質的公民投票制度。

　　在單一制的中央集權國家，地方政府本質上是中央政府的派出機關，因此即便這些國家在憲法上允許地方自治，亦即在一定範圍內允許地方自治，但因其屬中央派出機關的性質，因此地方法規不得違背中央法律。我國即屬此類國家，故我國憲法第一百一十六條規定：「省法規與國家法律牴觸者無效」；第一百二十五條規定：「縣單行規章與國家法律或省法規牴觸者無效」。這說明即使我國為採均權主義國家，亦即憲法第一百一十一條規定：「…如有未列舉事項發生時，其事務有全國一致之性質者屬於中央，有全省一致之性質者屬於省，有一縣之性質者屬於縣…」，但基本上屬於全國性事務者地方無權處理。我國這種均權主義的型態，事實上與單一制的中央集權國家一樣，中央擁有專屬的權力，地方不得干預，遇有爭議時，基本上由中央機關決定[44]。故而對地方政府而言，其權力範圍均屬地方內部事務，即使涉及國際性質亦須受中央政府的節制。因此地方權力自無干犯中央權力之虞，因而地方若採行公民投

---

44 請參閱中華民國憲法第 111 及 117 條文。

票制度，自無侵犯中央權限的顧慮。所以在此類國家採行地方自治的公民投票制度，只要憲法及相關憲政法規賦予地方此項權力，地方政府行使公民投票權自無違憲或違法之虞。而如果憲法並未賦予地方此類權利，而地方依然強行採用公民投票，其投票結果自然屬違憲、違法狀態，除諮詢性的效果外，自始即無法律效力。

在聯邦制國家，狀況則較爲複雜些，因爲聯邦制國家不同於單一制國家的是，聯邦權力並非自始擁有，而係地方各州（邦）政府讓渡給聯邦的權力。因此地方反而是權利的原始擁有者，聯邦是權利的受讓渡者，故聯邦權爲列舉權，剩餘權[45]是屬於各州（邦）的保留權利。在此情形下，除非是法定聯邦之權限，否則一律歸屬於地方。如此一來如果地方擁有公民投票的權力，即可能會發生地方之公投結果侵犯聯邦權限之爭議。當然當爭議發生時，聯邦仍擁有最後的司法審判或司法審查權（judicial review），涉爭之爭議自亦有解決之道。如德國1958年因漢堡的公民投票涉及核武問題遭聯邦憲法法院認定侵犯聯邦權限而判定爲違憲[46]，即爲顯例。不過明顯屬於各州（邦）的權限範圍內之事務，無疑的地方擁有最後決定權，因此在此權限範圍內的公投結果，自是最後之決定。

然而，正因爲聯邦的權利在性質上屬於地方讓渡的權利，亦即當州或邦批准聯邦憲法同意加入聯邦之際，即將部分權利讓渡給聯邦。然而一旦州（邦）不願意繼續留在聯邦內，是否可以以公民投票形式表決通過後退出聯邦？依法理而言，各州（邦）加入聯邦如果是以公投形式或其他人民表意的形式加入聯邦，自可以同樣的形式撤銷原始之同意，而退出聯邦。不過，在政治實務上似乎問題不是這麼單純。美國在1860至1864年間的內戰（civil war）的結果即

---

45 所謂剩餘權係指稱法律未分配或新產生之權利。
46 BVerfGE8,104ff.,引自蘇永欽，前揭書，頁25及頁42，註28。

表明，各州在加入聯邦後不得退出。自此美國即未再發生此類爭議，所以現在的美國是否依然採納該一原則，吾人無由得知，不過在理論上這類爭議有發生之可能。而加拿大魁北克的案例則顯示，加拿大聯邦似可接受魁北克以諮詢性公民投票形式自決是否要留在加拿大聯邦內，但因為魁北克三次公投（1980年、1992年、1995年）皆實質否決魁北克獨立的請求，所以魁北克問題至今並未獲得最後的解決。如果未來幾年內，魁北克公投通過某種形式的獨立，然而加拿大聯邦同意魁北克進行的是諮詢性質的公投，因此加拿大聯邦是否真的會同意魁省退出聯邦？猶待觀察[47]。所以就現有聯邦制國家的政治實務看來，即便理論上各州（邦）似可透過公民投票形式退出聯邦，但實務上卻未見明顯之案例。反而是像英、法這類原有殖民地的國家，因為戰後成立鬆散的國協或邦聯（Commonwealth or Confederation），如果加盟國欲退出邦聯或國協，基本上英、法等國皆同意他們在經過公民投票後選擇退出，如北非的阿爾及利亞（Algeria）在1961年1月8號的退出法國國協正式獨立即為例證[48]。英國則不但同意前殖民地國家以公民投票決定是否繼續加入大英國協（The British Commonwealth），同時也同意聯合王國（The United Kingdom of Great Britain）成員以公民投票方式決定是否繼續留在聯合王國內，北愛爾蘭（The Northern Ireland）1973年的公民投票即為例證，只不過當時有98.9％的公民要繼續留在聯合王國內，否決了獨立派的請求[49]。

以上的例證說明有些地方性的公民投票可能會涉及地方主權的歸屬問題，這類的議題本應屬於主權性質的公民投票範疇，然而在

47 請參閱，曹金增，《我國公民投票之研究》，中山大學中山學術研究所博士論文，民92年7月，頁86-91。

48 David Butler & Austin Ranney ed, Appendix A, pp. 265-284.

49 曹金增，前揭文，頁100。

一些特殊情況下它又屬地方性公民投票的範疇。這些問題本來應該是屬於聯邦制國家的特有問題，然而實務上單一制國家也可能面臨同樣的問題。因此所謂地方性公民投票如果不涉及主權性質的公民投票，其合法性基本上較無問題。然如果涉及地方主權性質的公民投票，那問題就比較複雜了。本文在觀念上，基本排除地方的主權性公民投票問題，將之歸納於主權性質的公民投票。因此吾人可以說，只要憲法及相關的憲政法規同意賦予地方公民投票權，則一如前項有關法律案的公民投票，無論是法律案的創制或主動與被動的複決，其合法性基本上是無太大疑問的。換言之，有關法律案公民投票在行使上所可能面臨的法律質疑，在地方自治範疇內的公民投票基本上也會遭遇到同樣的問題，如前面曾討論過的任意性的被動式複決。但基本上只要在立法時明確規定其行使的條件及發動機關，則大體上法律爭議不算太大。

第五節 公共政策個案公民投票的法律問題

對個別公共政策提案進行公民投票，是各類公民投票種類中相當重要的一種公民投票形式。我國台灣地區至2003年止共有十七次十八項公投議題[50]，其中有十六項議題屬於公共政策個案的公民投票，佔總數的88.89％，比例相當的高。而在世界各國的公民投票紀錄中，公共政策個案的公投比例固然沒有如此之高，但也佔有相當之比例[51]。而個別公共政策的內容可謂是五花八門，從道德性的議題到環保、能源政策、公共投資、衛生醫療、移民政策乃至社區

---

50 根據葉俊榮，〈公民投票在台灣的實踐〉，陳隆志主編，前揭書，頁128-129，以及加計2003年台北縣坪林鄉、南投縣集集鎮等兩次公民投票一起計算。

51 Vernon Bogdanor, op. cit., p. 69.

事務等等，包羅萬象。爲什麼個別公共政策議題會成爲公民投票裡的重要內容？吾人以爲這跟公民投票的基本性質密切相關。因爲一般而言，人民最關切的公共議題，往往就是自己生活週遭所發生的事情。如垃圾焚化廠如果就蓋在自己的居家附近，這勢必會破壞一己的居家環境，必然會引起該區居民強烈的反彈。再如一些公共道德議題像墮胎或離婚乃至同性戀等議題，也都可能引發衆人仁智互見的衝突，最後只好訴諸公民投票以求以多數決的方式平和的解決問題。所以在各種形式的公民投票中，個案的公投一直是重要的一種公投形式。

不過個別的公共政策議案的決定權，往往是行政權與立法權互動過程中最重要的一種權力，同時它恐怕也是政治責任中最被重視的一種，亦即當行政當局欲進行某項公共建設或公共議案的決定時，國會機關往往會以此來苛求行政機關的責任。若此時公民以公民投票的形式介入議案的決定，自將破壞正常的行政、立法互動關係，並導致最後政治責任的模糊。可是換一個角度觀之，民主政治的終極目的畢竟是爲求民衆的福祉，如果人民能在公共政策的決定過程中參與決策的形成，這又與民主政治的根本目的相符，所以並無太多值得質疑之處。這種兩可的局面導致部份國家允許這類公民投票的合法存在，並且公投結果具備法律的強制性，如瑞士、義大利等國；但亦有國家卻僅允許諮詢性的公共政策公投，並不承認其法律效果，如英國、比利時。有些國家不允許全國性個別公共議題的公投，但對地方性的公共政策議題公民投票卻採完全開放的態度，如美國與德國[52]。

由此可見，各國對公共政策個案的公民投票基本上是仁智互見，並無唯一爲眞的道理可供依循，還是得看各國對公民投票這種

---

52 Vernon Bogdanor,, op. cit.,table 3.1, pp. 26-27。

直接民權的觀點和印象而決定他們是否採行此一公民投票的形式。

　　從實際政治過程的操作來看，公共政策個案的公民投票在性質上是隨機的，亦即它不太可能是事先即可預測的。在多數情況下，公共政策個案之所以會有需要以公民投票的方式來解決紛爭，那是因為行政或議會機關的某項公共政策的個案被提出，而此一個案卻遭到強烈的爭議，此時民意主動或被動地產生公投的壓力，這個時候才會有公投的需求。例如在我國政治議程裡引發重大爭議的核四建廠案，正因為行政院有建廠的計畫，而此一計畫在立法院內引發了巨大爭議，最後雖然做出建廠的決定，但反對者始終不放棄公投的要求。此一公共政策個案因為牽涉到環保和經濟發展的矛盾問題，它對台灣社會的衝擊極大，所以以公民投票做最後解決途徑的呼聲甚高。這個案例其實就是最典型的產生公投需求的例子，它是起於行政機關的提出，但卻在議會機關產生爭議，最後引發民間的關切，以致需要以公民投票方式來解決問題。前曾提及，我國至今已有十八項議題進行十七次地方公投的經驗，而其中與核四案相關的即有四次之多，是被當成公民投票標的最多的一個議題個案[53]。而在各國有關公共政策個案公民投票的案例中，其性質多數與我國的核四案相近。所以人民自創公共政策個案進行公民投票的例子實在不多，它多數是在行政或議會機關中因為爭議太大而間接引發民眾的關切和爭論，最後在形成爭鋒相對的情勢後，不論人民是主動或被動地以公民投票方式參與該項個案的最後解決。

一、公共政策個案公投的種類

　　由以上的說明，吾人可知公共政策個案的公民投票在性質上屬於當正常政治過程難以圓滿解決問題，或者政府機關的決定無法符

---

53 Vernon Bogdanor, op. cit., pp. 63-64。

合人民意願時，才會產生以公民投票做爲涉爭問題終局解決的途徑。因此公共政策個案公投大約有兩種型式：

第一、人民對政府決定之公共政策個案不滿而主動提出公民投票的動議案，此一情形類似於人民主動複決法律案，但不同的是，人民主動複決政府的法律案，必須是以已完成立法程序的法律案爲複決標的，但主動的公共政策公投提案，它的公投標的卻經常是還處於立法或討論程序中的公共議案。人民是在此案定案前因感覺需要而主動發起公投的請求。所以如果該涉爭政策已然決定甚而已經執行，此一時刻是否適合發動公投的請求，就非常值得深思了。

第二、政府的行政與議會機關對某項公共政策個案爭執不下，行政或議會機關爲解決紛爭，主動提議將該涉爭的公共政策交付公民表決，待人民做出決定後，再以此作爲行政與立法機關處理該個案的最高依據。此種公共政策個案的公投在性質上有些類似任意的被動複決案，因此本章第三節中所討論的有關「任意的被動式複決」所可能產生的弊端，此處亦可能發生。亦即如果不限制行政機關任意的將它與議會發生嚴重爭執的公共政策個案交付公民投票，那選民就將淪爲行政機關用來抵制甚或是與議會鬥爭的工具，如此一來反將違反民主政治的意義。故而無論是行政或議會機關都必須對此種公投抱持著節制的心態，除非是行政與議會機關都同意將此涉爭個案交付公民投票，否則均不宜任意發動。

二、公共政策個案公投的法律問題

此類公民投票在性質上既類似於法律的複決案，自然的亦將面臨法律複決案同樣的問題。基本上如是前項所列第一類的情形，因爲屬於人民對涉爭公共政策個案主動的發動公民投票，那麼只要法律允許人民擁有此項權力，它的合法性也就無虞。而且此類公投的

結果可以是具法律效力的，也可以只是諮詢性的，端視法律的規範。惟筆者以為，公共政策的個案實在是種類繁多，因此以諮詢性的規範為宜。因為既然是人民主動發動的公投，其結果又已明確，如果政府機關（無論是行政或立法部門）仍逕行違逆人民意願，那結果自然是由政府機關負起最後的政治責任。何況即使人民以公投表明了多數意願，其結果仍然可能是正反雙方極其接近的，在此情況下，政府機關尤其是行政部門仍應有一定的決策權限，否則人民又何須在上次選舉中將行政權交付在該行政團隊的手上？而且這種公共政策的決策權本質上即應屬行政權範圍，人民之所以要以主動公投的方式介入決策程序，應該只是希望明白的向政府機關表明多數意見而已，至於最後的決策權還是交付在政府機關的手上較為適宜。

另外在第二種的情況下，也就是人民被動的參與公民投票以做為公共政策個案最後的決定。前曾言及，此類公民投票必須十分的節制，否則很可能會讓人民介入行政與立法部門的互動，甚至淪為雙方行政鬥爭的工具，這是完全違背民主原則的事，實不得不慎。因此此類公投必須有法律的依據，否則糾紛會不斷。同時在立法時，必須將發動此類公民投票的條件限定在行政與立法部門均同意的前提下方得為之，或者限定由議會發動，即使允許行政機關發動此類公投也必須以議會同意為前提，否則極可能會破壞行政、立法相互制衡的機制。至於此類公投的法律效力，理論上說是強制性的或諮詢性的均可。不過筆者認為還是諮詢性的比較好，因為這種公投人民基本上是被政府機關被動的要求介入，人民只須清楚的表達意見即可，如果強制行政、立法部門遵守公投結果，那等於是幫助政府機關卸責。我們不要忘記了范納（S. E. Finer）的那句名言：

「公民投票…是英國政治裡的彼拉多」[54]。

第六節 諮詢性公民投票的法律問題

一、諮詢性公投的意義

　　諮詢性的公民投票，依據 Maija Setälä 的整理，在二十二個他主要比較研究的民主國家的公民投票制度中是最為普遍的一種形式[55]。換言之，這種公民投票可能是被使用過的各種公民投票形式中，使用次數最多，同時也可能是歷史最久的一種公投形式。法國拿破崙、德國希特勒，乃至於法國第五共和的戴高樂（Charles De Gaulle, 1890-1970）在不同時期、不同國家所使用的公民投票，基本上均屬此一類型的公民投票，英國在 1975 年唯一一次在全國範圍內舉行的公民投票也屬此類公投。可見此類公投極具重要性，但也同時極具爭議性。

　　所謂諮詢性公民投票，在性質上即不具法律的效力，它的主要功能為政府的行政或議會機關在一定時空環境下，最後決定法律案或公共政策個案之前，因為爭議太大以致先以此項公民投票探知主要的民意，以減低決策時背離民意的可能。當然它也可能是政府的行政或議會機關因為雙方的政治鬥爭僵持不下，因而以此種公民投票來壓制對方意見。故而，所謂諮詢性公投其性質是被動性的，不可能會產生所謂主動的諮詢性公投。而且因為此類公投的功能乃係

---

54 S. E. Finer,(ed.) , *Adversary Politics And Electoral Reform*（London: Anthony Wigram, 1975），p. 18.此處轉引自 David Butler & Austin Ranney, eds., op. cit., p. 43.

55 Maja Setälä 原著，廖揆祥、陳永芳、鄧若玲翻譯，前揭書，頁94。

完整表達所謂主流的民意，屬於一種探知性的公民投票，因而有論者以「大型公民投票」視之[56]。此外，在舉行過此類公投之後，最後的決策權仍將回到政府的正常決策程序裡做正式且具法律效力的決策。

二、諮詢性公投的種類

諮詢性公投既然是一種被動的民意表達方式，它的目的是提供政府在做出決策前的參考，那麼它自然不會具備強制性的法律效力。不過此類公投的結果雖然不會產生法律效力，但它的舉行並不必然的就沒有法律的依據。亦即，諮詢性公投的舉行時機、條件以及發動諮詢性公投的機關等等問題，仍舊可以由法律予以規範，只是這種公投的結果對政府而言，並沒有強制性的效力，無論是政府的行政或議會機關仍可就其本身的政治判斷做最後的決定，只不過如果執政或在野的政黨決定不採納人民諮詢性公投的結果，那他們必須自己負起最後的政治責任。

根據諮詢性公投此項特點，諮詢性公投可以分成兩類：

（一）有法律依據的諮詢性公投

所謂有法律依據的諮詢性公投也就是所謂「體制內的諮詢性公投」，亦即相關法律賦予人民可以在符合法律要件的前提下，被動的對某些法律案或公共政策個案表達多數民意的看法。前曾言及，這類公投的舉行是因為政府機關基於各種理由所發動，人民是應政

---

[56] 請參閱許宗力，〈憲法與公民投票—公投的合憲性分析與公投法的建制〉，收於陳隆志主編，前揭書，頁46。但亦有論者反對將諮詢性公投視之為「大型民意調查」，游錫堃擔任行政院長時其發言人林佳龍即公開反對此一說法，不過大多數人仍持此一看法。林佳龍相關發言請參閱，《聯合報》，民國92年9月28日，四版或 http://w6.news.tpe.yahoo.com/2003/9/27/polity/bcc/4278109.html

府的要求被動的對議題表達意見。而既然是應政府之要求，那麼發動的時機、條件以及發動機關自然就成為法律規範的重點。從發動時機來說，法案或議案若已完成立法或已經議會議決，基本上已不適宜再作為諮詢性公投的標的。因為涉爭議案既已完成法定程序，即為確定之法案，若再以公投程序予以翻案，無異於是破壞代議政治之舉，這有違民主之本意。如果多數人民對此一法案或議案確有不滿，只能依賴有法律強制力的複決形式的公投予以廢止。或者效法瑞士、丹麥、愛爾蘭的立法例設置駁回型的公投，亦即在法律案完成立法前即由公民連署發動複決型的公投，駁回政府已有意通過的法案。但此時已屬另一類的公投，已不再是諮詢性的了。而如果涉爭者係公共政策個案，前一節中吾人已經討論過，此時已不適合再以公投型式予以翻案。如果人民確有不滿，只能在下次選舉時不支持主張該政策的政黨，以尋求在下一屆的政府中有改變或改進該政策的機會，就當下該項公共政策方案而言，基本上是已形成終局之解決，不應再有尋求改變之舉措，否則任其拖延將會造成行政受到嚴重的干預。

　　其次，諮詢性公投的條件亦須予以規範，亦即在何種情形下才應暫停正常的立法或議事程序而進行諮詢性公投？如果任何涉爭法案、議案皆須以公投方式來做最後解決的話，那正常的政治程序將會受到破壞，政府的效率自會受到質疑。因此如何界定涉爭法案、議案可以提請諮詢公投的條件就很重要。筆者認為，要為這些條件立定具體之條件顯然不容易，因為它是政府行政或立法機關互動過程中的政治問題，很難以法律概念去規範它。所以唯一可行的方式是將決定此一情勢的權力同時賦予行政及議會機關，也就是說發動諮詢性公投的機關必須慎重斟酌，亦即行政、議會機關雙方任何一方提請將某案交付諮詢性公投時，都必須得到對方同意；或者必須是在議會同意後才得交付公民投票，行政或議會機關任一單方面決

定交付公投都是非常不恰當的,特別是行政機關單方面決定交付公投,極可能會引發行政、立法的對立,這對政治的和諧傷害極大,對國家正常政治運作也會埋下難以估計的後遺症。

(二)無法律依據的諮詢性公投

所謂無法律依據的諮詢性公投也就是所謂「體制外公投」中的一種形式,意即不必具備法律的依據亦可發動諮詢性公投。對於此類公投是否合宜,爭議性極大,恐怕論者會因自身政治理念的不同而有不一樣的主張[57]。考諸世界各國的實例,確有此類形式的公投,例如英國在1975年由工黨的威爾遜(Harold Wilson)政府就英國是否加入歐洲共同體(European Community)所發動的唯一一次的全國性公投[58],它就是一次此類公投的形式。不過這是在英國國會兩黨均同意的前提下所完成的一次公投,而且當時的英國政治人士佛勒(Gerald Fowler)亦預言:「對我們正常的議會民主操作而言,這是一次唯一的例外,而且不會再有類似的意外」[59]。而證諸二十八年來的事實,佛勒所言不虛。換言之,這類公投即使存在,恐怕例子也不多,是否適合以通例視之?實不無疑問。

主張設置此類無法源依據的論者認為這是一種「自生法源」[60],亦即無須另覓法源依據,該權利自身即具備法律之正當性。此

---

57 林佳龍相關發言請參閱,《聯合報》,民國九十二年九月二十八日,四版或 http://w6.news.tpe.yahoo.com/2003/9/27/polity/bcc/4278109.html,林佳龍之主張。

58 David Butler& Austin Ranney ed. op. cit., pp. 38-41.

59 Gerald Fowler, Hansard, *House of Commons*,(22 November 1974, col.1743).此處轉引自,David Butler & Austin Ranney ed. *Referendum Around the World: the Growing Use of Direct Democracy* (Washington: American Enterprise Institute for Public Policy Research. Co., 1994),op. cit., p. 42。

60 Vernon Bogdanor, op. cit., p. 62。

一看法基本上應屬「國民主權」的推論，因爲認爲這是國民之主權，故而不必尋求其他法源之依據。但問題是這是屬於「法律保留」的範圍，因爲人民權利之行使必須依據法律之規定，此乃憲法學之通識，否則權利之行使勢必會混亂。何況依諮詢性公投的性質來看它是屬於被動行使的權利，人民在行使此權之前，其實是政府機關所發動。因此如果不以法律規範它，極可能造成政府機關的濫權，特別是行政機關更容易濫用此權以規避議會的制衡，這實非民主之本意。其實說得更明白些，眞正需要以這種方式發動公民投票的是政府，尤其是政府的行政機關，所以如果不以法律去適當規範它，得到方便的恐怕不是人民而是政府裡的政客，這與「國民主權」的「自生法源」關係實在不大，反而與政府的權力大小有關。

　　當然，筆者雖反對此類無法源依據的諮詢性公投，但亦不否認它仍有一定的存在價值，否則若干國家不會同意它的存在，所以吾人仍有必要分析一下其功能。這種公投的形式最大的功能是可以提供政府機關方便行事的彈性空間，它能夠讓行政機關或政黨（一般是執政黨）在一定的需要之下以此工具避免行政上的牽制甚或是政黨自身的危機。英國憲法學大師戴雪（Albert Venn Dicey）在 1909 年時就說：「根據英國的政治慣例，一項立意良善的改革措施（按：指公民投票），它的提議者未必是相信它的人，他恐怕只是為了解決他的政黨所面臨的困境之所為」[61]。又早在 1894 年，戴雪說：「一旦公民投票制度建立起來，它是任何形式的革命所難以推翻掉的」[62]。而 1975 年英國至今唯一一次的公民投票的背景居然被戴雪在六十六年之前就言中，那是執政的工黨爲了防止本身的分裂所採取的一項避險措施，但這也成了英國唯一一次的全國性公投經

---

61 Vernon Bogdanor, op. cit., pp. 41-42。

62 Ibid. p. 42.

驗，而且還是極具爭議性的不具法源依據的諮詢性公投。

由英國這個典型案例看來，無法源依據的公民投票確實可以給執政當局帶來一些方便，作爲一種規避政治牽制和政治危機的工具而言，確實有其功能。不過就以該案例來看，這種諮詢性公投仍舊需要一定的條件，那就是國會兩黨的共同同意，換言之，行政與立法雙方必須都能同意，在兩相同意的基礎上它才有可能施行，否則強力行使此種權力，恐將治絲益棼，更加增添政局的混亂。

三、諮詢性公投的法律問題

諮詢性公民投票是否需要法源？這個問題一直是有關公投議題的眾多討論中，爭議性相當大的一個問題。而這個問題之所以會引發仁智互見的爭論，關鍵就在諮詢性公投基本上是不具法律拘束性的一種公投形式。既然它的結果只是政府施政或立法的參考，並非最後、最高的決定者，那又何需法源？更何況從國民主權的角度來說，人民本來就具有行使公民投票的權利，那又何需法律多此一舉的予以規範？

前面的這種論述，不能說完全的有理，但也不是完全的無的放矢，它依然有一定的論據，所以吾人才會將「無法律依據的諮詢性公投」列爲諮詢性公投中的一種，同時前文中吾人亦已指出英國這個對公投制度不太有信心的國家，亦曾行使過無法源依據的諮詢性公投的例子。所以這種公投不但理論上存在，事實也存在，但這並不表示這種公投主張沒有瑕疵。

首先，所謂這個權利是天賦人權中的一種權利概念，而且被包含在「國民主權」概念之中的說法，其實吾人在前文中已經討論過了。基本上這種主張，有其限制性。因爲就算是天賦人權、國民主

權概念中的權利概念，它的行使也必須有法律規範，否則該權利當如何行使？況且，如果這個法理邏輯完全正確，那同屬天賦人權、國民主權概念中的選舉權豈不也不需要選舉法的規範，人民集會結社的權利乃至表意自由權，豈不更不需要法律的規範？可見得即使是憲法保留給人民的權利，它的行使亦須法律的規範，否則權利本身即無從獲得眞正的保障。

其次，諮詢性公投雖不具備法律的拘束性，但它卻會形成極大政治壓力，進而產生改變權力關係的效果。因爲一旦諮詢性公投舉行過後並產出明顯的結果，它雖不是法案、議案的終局結論，但事實上它會影響進行中的法定程序，甚而實質決定最後的結論。正因爲諮詢性公投可以產生如此的實質效果，所以才會有設置諮詢性公投的需要。故而以諮詢性公投不具法律效力即無須法源的論點，實在有點在論辯過程中避重就輕之嫌。再者，前文亦曾論及，這類公投的舉行基本上是政府機關所發動的，人民只是被諮詢的對象。因此如果沒有法律規範，行政或立法機關若任意發動此種公投並強迫人民介入正常的代議程序，這實際上是政府機關在利用人民做爲政爭工具，實質上是擴增政府的權力，與人民權力其實關係並不太大。故而所謂這是人民天賦人權的說法，實在有點借題發揮之嫌。

至於英國曾舉行過這種無法源依據的諮詢性公投的例子，前文亦曾說明其實那是1975年時英國執政黨爲防止該黨的分裂所採取的策略，而且英國本來就是一個習於不成文法的國家，只要巴力門裡的執政與在野政黨同意，並且該一作法的本身不牴觸成文法的規定，大概都可爲。

總之，諮詢性公投是否需要法源的問題，筆者的看法是，最好有法律的依據，如此才更能增加諮詢性公投的效果。亦即，當人民依法表達對特定法案或議題的意見之後，無論是行政或立法機關都

必須更加正視公投的結果。況且有法律依據的諮詢性公投，它的爭議比較小，相對的人民參與的意願可能會比較高，這對公投的結果而言，它的參考價值會更高。當然，如果沒有法律的依據是不是就一定不能舉行諮詢性公投？那倒也未必，但至少必須是在政府中的行政與議會機關彼此均同意的條件下才舉行，如此才不會產生太大的副作用。

　　基於以上的觀點，吾人以為所謂體制內的諮詢性公投，其合法性比較沒有問題。然而吾人也必須指出，在設計此種諮詢性公投的立法技術上必須注意前文所論及的提出時機、條件以及提案機關等問題。這些問題如果不能圓滿解決，就算立了法，其爭議性恐依然存在。至於所謂無法律依據的諮詢性公投，其合法性必然會引起質疑和爭論，甚至於舉辦此類公投的公共預算能否依法核銷[63]？恐怕都會引起執政與在野政黨間的爭鬥。所以就制度在法律上的可行性和在政治上的和諧來說，設計有法律依據的諮詢性公投毋寧是比較恰當的。

---

63 民國85年3月23日，台北市政府以公共預算中的經費，配合該年所舉行的我國第九任總統選舉所舉辦之核四問題公投，該項支出至民國93年初為止仍未為台北市議會同意核銷，已經成為懸案。

第五章　公民投票在台灣的實踐

　　直接民主的觀念在中華民國台灣地區（以下簡稱台灣）其實不應算是新的觀念，因為在我國憲法第十七條中明文規定：「人民有選舉、罷免、創制及複決之權」，第一百三十六條又規定：「創制複決兩權之行使，以法律定之」，其中創制與複決其實就是公民投票最主要的形式。不過，在同法第二十七條第二項則又規定：「關於創制複決兩權…俟全國有半數之縣市曾經行使創制複決兩項政權時，由國民大會制定辦法並行使之」，故而就憲法層次來說，已很明顯的將全國性事務的創制與複決權交付國民大會，但地方事務的創制、複決則是由人民直接行使。惟2000年修憲之後，又將全國性事務之創制、複決權大部分交還人民。由此看來，我國在法制層面上其實早就納入了公民投票的制度。

　　然而，儘管憲法有如此明顯的規範，但在實際憲政上卻未能實際執行此項直接民主的制度[1]，形成一種憲法規範（constitution on paper）與實際憲政（constitution in action）之間的落差。這種奇特的現象與當時的執政當局對直接民主制度心存懷疑，實有著密不可分的關係。

　　二次大戰結束，日本投降之後，台灣地位的問題即多少存在一些爭議。1949年中華民國政府因內戰失利因素被迫遷台，從此台灣地位問題即成為內政上具有高度敏感性的話題。1947年以來，部分持政治反對立場者認為中國政府在戰後以戰勝國身分接收原屬日本

---

1 許宗力，＜憲法與公民投票－公投的合憲性分析與公投法的建制＞，陳隆志主編，《公民投票與台灣前途》，台北：前衛出版社，民88年，頁110。

殖民地的台灣是一種「侵占行為」，應該讓台灣人民以住民自決的
形式決定台灣主權之歸屬[2]；另一部分的異議人士則直接主張以公
民投票方式決定台灣獨立。自此所謂公民投票即與台灣獨立主張有
著一定的「等號」關係，即使從民主理論來說公民投票有其一定的
意義，但在台灣的政治實務上公民投票卻成為一項禁忌話題。

　　1987年之後台灣地區解除了形格勢禁的戒嚴體制，並於1991年
5月廢止「動員戡亂時期臨時條款」的法制限制[3]。在此政治改革措
施之下，公民投票的制度應該可以在一個較為民主開放的氛圍中進
行討論並依憲法的規定完成建制，可是此時又因冷戰結束後國際情
勢的轉變，中華人民共和國（以下簡稱中國大陸）在國際政治中的
影響力大增，而中國大陸堅持台灣是中國一部分的「一個中國」政
策，使得台灣獨立的議題並未因台灣的民主化而降低其敏感度，也
同時使得公民投票制度的建立即為台獨行動鋪路的質疑更加嚴重。
此一形勢使得公民投票法制化的工作，更加的困難。

　　2003年年底，台灣正如火如荼地進行第十一任總統大選活動，
公民投票議題再次成為焦點。執政的民主進步黨（以下簡稱民進黨）
總統候選人陳水扁堅持要在次年總統大選時就興建核四廠以及加入
世界衛生組織的議題舉辦公民投票，甚至表示即使是在不具備法源
基礎的前提下依然將進行公投[4]。此舉對在野的所謂泛藍陣營（即
由中國國民黨與親民黨所組成之國親聯盟）形成壓力。為舒緩選情
壓力，泛藍陣營一改過去長久以來對公投議題的保留態度，改採積

---

2 請參閱廖文毅等人1947年之主張。

3 請參閱李炳南、曾建元、林子玄，〈動員戡亂時期臨時條款之制度經驗及其影響
　〉，《台灣民主季刊》第一卷，第二期，2004年6月，頁95-129。

4 社論，〈不飲盜泉之水－不能贊成無法源的公民投票〉，《聯合報》，2003年7月
　21日，A2版。

極的提案參與「公民投票法」（以下簡稱公投法）立法程序的策略，此舉立刻使延宕經年的「公投法」立法工作順利開展，並於2003年11月27日三讀完成「公投法」立法程序，並由總統於同年12月31日公佈實施。

我國雖然已達成公投法制化的目標，但深入探究該法之所以能突然峰迴路轉地突破禁忌，迅速完成立法程序，完全是因為朝野政黨為了2004年的總統選舉考量[5]，倉卒的立法程序難免造成一些問題，引發「公投法」部分條文恐有違憲之虞，又部分條文恐有相互矛盾之疑慮。此外，部分制度的設計，如「設置公投審議委員會」、「立法院排除行政院獨享政府提案權」以及「公民提案、連署之門檻過高」等等問題均引發行政院及部分輿論的不滿[6]。故而行政院於2003年12月20日向立法院提出「公投法」部分條文的覆議案。該覆議案最後雖然覆議失敗[7]，維持了甫經立法院通過的「公投法」，但相關問題依舊存在。

本章除探討我國公民投票制度的發展歷程外，對前述「公投法」的問題與爭論亦將一併討論。最後針對這些爭議問題，筆者以本書前面各章所做之理論探討為基礎，提出個人的一些建議，以做為未來「公投法」修正時的參考。

---

5 林河名，<公投立法充滿民粹與欺騙－專訪立法委員蘇盈貴>，《聯合報》，
　2003年12月1日，A6版。

6 《自由時報》，2003年12月20日，第2版。

7 《聯合報》，2003年12月21日，A2版。

第一節　台灣公民投票觀念、制度的發展歷程

　　1945年10月25日，台灣正式結束五十年的日本殖民統治，由中華民國政府接收並管理台灣。中華民國政府所依據的是1943年的開羅會議宣言，以及1945年7月由中美英三國共同發布的波茨坦聯合公告。而日本方面則在1945年8月10日宣布無條件投降時即表示接受同年7月26日所發布的波茨坦聯合公告。換言之，中華民國政府是依據聯盟國之間的協議而取得光復台灣的根據。但是，部分論者主張日本政府宣布投降時僅表示放棄台灣及澎湖諸島之主權，而未言明將該等主權交付何方，因此台灣之地位仍處於未定狀態，未來台灣主權之歸屬應由台灣住民依美國總統威爾遜（Woodrow Wilson, 1856-1924）在一次大戰後所提出之民族自決（national self-determination）原則自主決定[8]，如廖文毅於1947年提出的「處理台灣意見書」即做此主張[9]。自此台灣主權的歸屬問題即存在一定的爭論，並在台灣政治議題上有著或明或暗的影響力。

　　中華民國政府於1945年10月光復台灣，並且於1949年底因為在中國大陸的內戰戰事失利而遷至台灣。當時因為政局的不穩定以及戰事尚未完全結束，因此在內政的管理上是以類似於軍事管制的形式進行統治，因此即使當時存在一些政治的異議人士也礙於情勢而噤若寒蟬，有關台灣前途的相關主張自然是趨於消聲匿跡。

----

8 請參閱許慶雄，《台灣建國的理論基礎》，台北：前衛出版社，民89年，頁11-45。

9 行政院編印，《台灣民主發展的臨門一腳：公民投票》，民92年，頁9。

　　其次，從法制層面來看，早在1947年7月4日國民政府委員會第六次國務會議通過「勵行全國總動員戡平共匪叛亂、掃除民主障礙如期實行憲政貫徹和平建國案」，宣布全國進入動員戡亂時期。次年第一屆國民大會召開，通過「動員戡亂時期臨時條款」（以下簡稱臨時條款），追認國民政府先前宣布的動員戡亂狀態[10]。此一狀態在中央政府遷台後仍然繼續生效，但是「臨時條款」主要是變更總統的權力範圍，對人民權利範圍的影響相對較小。此後「臨時條款」雖歷經四次修正（1960年、1966年2月、1966年3月、1972年），對總統職權以及中央民意代表任期均有進一步的調整[11]，但基本上仍未變動有關人民之權利範圍。而根據〈中華民國憲法〉的規定，人民有選舉、罷免、創制及複決等四項政權，其中有關創制和複決即為公民投票之主要形式。

　　其三，從理論面向來看，中華民國是一個民主共和國（憲法第一條），其主權歸屬於國民全體（憲法第二條）。依此推論，中華民國為採「人民主權」理論的國家。復次，依前開憲法第十七條、一百三十六條之規定，中華民國國民依憲法擁有創制與複決之權利，此為明顯且無疑義的。不過，依憲法第二十七條第二項之規定，有關全國性事務的創制與複決之權已交付國民大會，故而人民之創制複決權利範圍僅及於地方性事務。然而2000年第六次修憲之後，國民大會之職權範圍，依「憲法增修條文」第一條第二項之規定僅及於修憲案之複決、領土變更案之複決，以及議決立法院所提出之總統、副總統彈劾案，其他職權則予以凍結。換言之，除立法院所提出之修憲案與領土變更案之複決仍保留給國民大會之外，其他形式的創制或複決權則應該依據「政府之權力乃受人民之付託」的契約

10 李炳南、曾建元、林子玄，前揭文，頁96。
11 同前註，頁96-97。

論觀念交還給人民。亦即，在修憲之後，我國人民的創制、複決權利範圍已擴增至全國性事務，此乃政治改革所帶來之正面發展。

　　從以上政治、法制和理論層面來看，公民投票的觀念和制度其實在台灣發生的相當早，幾乎可以說早在二次大戰之後觀念即開始萌芽，而在法制和理論上由於中華民國政府的遷台，帶來了含有公民投票制度設計的政治體制，惟因其他的政治因素，很遺憾的這些制度全成了「紙上憲法」，對人民而言只是可望而不可及的理想而已。

　　這種情形在台灣延續了將近四十年，1990年之後台灣政治情勢發生了極大的變化，政治改革工程在一連串的改革措施中大幅度的開展，黨禁、報禁的解除，中央民意代表全面改選、省市長民選乃至總統直接民選等措施，使得許多過去形格勢禁的政治議題全都提到全國性的政治議程裡，公民投票議題也不例外地躍至政治論壇中。自1990年起，地方性議題的公民投票即在無法源且不產生法律效力的情況下大量舉行，至2003年12月31日「公投法」正式公佈實施前共舉行了二十一次，詳情請參閱表5-1。

　　由表5-1吾人可以清楚地看出來，從1990年至2003年的十三年間，台灣地區共舉行過二十一次地方性公民投票，平均每年舉辦一點六二次，頻率可謂相當高。其中絕大部分係由民進黨人擔任縣市行政首長[12]，可見得公民投票在台灣被大量的引用與民進黨人對公投制度的堅持有著極為密切的關係。這也說明何以國民黨在長期執政過程中，對公民投票的態度基本上相當的保留。不過，這種情勢到了2003年下半年開始發生極大的轉變。

---

12 表5-1所列1-21項公投案中，除8、11、12、15等四案是由國民黨人擔任縣市長，以及20案由無黨籍人士擔任縣長外，其餘16案的縣市長均為民進黨人。

表5-1：臺灣公民投票案例表

案例名稱	時間	主辦單位	議題	選區範圍	投票率/贊成(反對)率	議題的外部影響	結果
1.後勁五輕公投案	1990.5.6	後勁反五輕自力救濟委員會	是否贊成中油設五輕	後勁地區六個里（楠梓鄉尚有右昌、楠梓區）	66.4/反對設廠59.1%	石化業發展	經濟部事先表示票決將供參考，但中央政府後以「法源依據」為由，不採納公投結果
2.貢寮核四公投案	1994.5.22	台北縣貢寮鄉公所	是否贊成核四	貢寮鄉	58.4/反對核四96.1%	能源政策	中央政府以「無法源依據」為由，不採納公投結果
3.北縣核四公投案	1994.11.27	台北縣政府	是否贊成核四，並配合罷免四位擁核立委（林志嘉、洪秀柱、韓國瑜、詹裕仁）	台北縣	46.3/11%	能源政策	中央政府以「無法源依據」為由，不採納公投結果。罷免案亦未成功
4.汐止道路公投案	1995.3.29	台北縣汐止鎮公所	是否贊成開闢速東區平交道口立體地下道道路工程	汐止鎮	兩成多/95－97%	社區事務	尚未興建
5.大寮開發公投案	1995.6.18	高雄縣大寮鄉公所	是否贊成高屏溪義和段新生地開發案		贊成居多	社區事務	仍未開發
6.永康公園公投案	1995.8.12	「永康公園之友」及永康里、福住里里辦公室	永康公園東側巷道開闢為車道或人行專用道選擇案	永康里、福住里	15/81.7%（人行專用道）	社區事務	台北市都發局同意接受投票結果

（續）表5-1：臺灣公民投票案例表

案例名稱	時間	主辦單位	議題	選區範圍	投票率/贊成率（反對）率議	題的外部影響	結果
7.北市核四公投案	1996.3.23	台北市政府	是否贊成核四	台北市	58.7/ 44.5%	能源政策	中央政府以「無法源依據」為由，不採納公投結果。
8.寮頂社區公投案	1997.8.3.	嘉義縣民雄鄉公所	是否贊成寮頂村社區更新	社區土地所有人	五成多/ 23.9%	社區事務	鄉公所事後聲明，重劃案依公投意擱此作廢。但省政府地政處以公投無法源依據為由，拒絕接受。要求民雄鄉公所繼續執行社區更新案
9.三峽老街公投案	1997.8.12	三峽鎮公所	三峽老街保存或拆除	老街建物所有人（已改原貌者不具投票資格）	無	文化資產	主流派陳情，文建會於公投前介入協調，鎮公所同意暫緩辦理公投
10.臺中拜耳公投案	1998.6.13.	台中縣政府	是否贊成拜耳公司興建TDI製造廠	台中港區清水、梧棲、沙鹿、龍井四鄉鎮居民	預定於1998年6月13日舉辦	亞太營運中心	中央政府表示於法無據
11.萬華興建療養院案	1998.-.-	民間辦理	是否贊成台糖於萬華大理街興建療養院	台北市萬華區台糖部里	65.4/ 反對者86%	台糖土地之處理	僅具參考價值，但至今未興建
12.慈濟興建醫療院區案	1998.12.5	花蓮縣大湖里社區發展協會、大湖環保協會主辦	是否贊成慈濟興建醫療院區	花蓮縣大湖里	65.4/ 反對者51.54%	花蓮地區醫療網絡之建立與環保的衝突	不具法律效力，僅供參考

（續）表5-1：臺灣公民投票案例表

案例名稱	時間	主辦單位	議題	選區範圍	投票率/贊成（反對）率	議題的外部影響	結果
13.大湖公園開發案	1998.12.5	花蓮縣大湖社區發展協會、大湖環保協會主辦	是否贊成將大湖闢建成公園	花蓮縣大湖里	65.47/贊成者90.1%	土地開發使用	不具法律效力僅供參考
14.主權公投案	1998.12.5	台南市政府	台灣是否接受被中華人民共和國統治	台南市	25/反對者77.88%	主權之移轉	不具效力
15.機場興建案	1998.12.5	台南市政府	是否於七股外海興建機場	台南市	16.82/贊成者73.68%	地區交通建設	不具效力
16.宜蘭核四公投案	1998.12.5	宜蘭縣政府	是否贊成核四興建	宜蘭縣	44.39/反對者60.1%	能源開發 不具效力	僅具參考價值
17.澎湖博奕案	2001.6.8	澎湖團結自救聯盟	澎湖是否應設置博奕特區	澎湖縣居民	45/贊成者79.8%	地區觀光發展	不具效力
18.望安鄉東吉村託管案	2001.6.8	澎湖團結自救聯盟	望安鄉東吉村是否交由台南縣託管	澎湖縣居民	45/贊成者91%	地方管理權之移轉	不具效力

案例名稱	時間	主辦單位	議題	選區範圍	投票率/贊成（反對）率	議題的外部影響	結果
19.宜蘭縣五結鄉社區活動中心之設置	2003.6.7	五結鄉公所	決定社區活動中心設置地點	五結鄉	14/贊成與安臺合建者5.3％；贊成合建者在國民投關建者47％	地方公共建設	不具法律效力僅具參考價值
20.省道命名案	2003.8.23.	宜蘭縣政府	省台九線宜蘭市段、台七丙線三星段路名	宜蘭縣	台九線案：21/贊成中山路者85％；台七丙線：24/贊成三星路者88％	地方公共建設	不具法律效力僅具參考價值
21.坪林交流道案	2003.9.13.	台北縣坪林鄉公所	是否贊成將北宜高速公路行控中心開放為交流道	台北縣坪林鄉	6成4/贊成者98％	大台北水源特定區水量的涵養、流通及水質污染問題	不具法律效力僅供參考
22.南投集集興建焚化爐案	2003.10.4.	集集環境保護會主辦	反對興建焚化爐	南投縣集集鎮	68.67/反對興建97.88％	地方政府面臨了公共政策推行跟等重民意的兩難問題，除非南投把垃圾外運，否則未來南投垃圾問題值得擔憂。	地方政府兩難。無法律效果，僅供參考

（續）表5-1：臺灣公民投票案例表

案例名稱	時間	主辦單位	議題	選區範圍	投票率贊成（反對）率	議題的外部影響	結果
23.苗栗西湖交流道案	2003.11.9.	西湖鄉公投	爭設中二高交流道	苗栗縣西湖鄉	75.3/98.4%	休息站的設立，破壞了西湖的水源，西湖鄉拒絕配合供應服務區用水	尚未興建
24.南投921組合屋案	2003.11.16.	南投921重建促進會	是否贊成撤換震災重建委員會執行長郭瑤琪	南投	七成以上贊成	災民重建問題	1、這項投票沒有拘束力。 2、郭瑤琪不是民選首長，而是由行政院任命的政務官，不適用選舉罷免相關規定。
25.中華民國第一次公民投票	2004.3.20.	中央選舉委員會	一、第一案，是否同意政府增加反飛彈裝備，以強化台灣防衛能力 二、第二案爲是否同意政府與中共展開談判，謀求兩岸共識與人民福祉的部分	全台灣	第一案票的投票率45.17%；第二案有票率45.12%	軍購案問題	第一案爲，是否同意政府增加反飛彈裝備，以強化台灣防衛能力，贊成的有651萬票1216人，不同意的58萬1413人，投票率爲45.17%。第二案爲同意政府與中共展開談判，謀求兩岸共識與人民福祉的部分

（續）表5-1：臺灣公民投票案例表

案例名稱	時間	主辦單位	議題	選區範圍	投票率/贊成（反對）率	議題的外部影響	結果
25.中華民國第一次公民投票							分，同意的票數爲631萬9663人，不同意的爲54萬5911人，投票率爲45.12%，兩案都因領票數都沒有過半而遭到否決。根據公投法第三十條的規定，皆無過半數，屬未通過。

資料來源：

1. 後勁反五輕部份，葉俊榮，台灣第一件公民投票：後勁反五輕「民意調查」觀察報告，國家政策研究季刊，6期，頁136-141（1980.06）。

2. 台北縣貢寮鄉與台北市政府部份，《聯合報》，1994.11.23，3版。

3. 台北市政府部份，核四公投促進會，台北市政府辦理核四公投結果，http://guhy.ee.ntut.edu.tw/~anpp4/result.htm（1998.3.6查詢）。

4. 台北縣汐止鎮部份，電訪汐止鎮公所民政課周文祺先生（1998.3.2）。

5. 高雄縣三峽鎮部份，吳明全，從「拜耳公投事件」看台灣環保戰略，藍色東港溪保育協會電子報。telnet 140.117.11.4actkr。

6. 永康公園部份，永康之友通訊第一期（1995.9.1），永康之友－台北市永康社區發展協會電子布告欄。telnet 140.117.11.4Yung－Kang。

7. 北市核四公投案，李秀容，核四公投反核嗎？核四公投合乎正義嗎？，台灣環境資訊協會—環境資訊中心網頁。http://einfo.org.tw/reply/2003/re03043001.htm

8. 嘉義縣民雄鄉部份，電訪民雄鄉公所民政課許麗紅小姐（1998.3.4）。

9. 台北縣三峽鎮部份，電訪三峽鎮公所民政課詹課長（1998.3.4）。並參考《自立早報》，1997.6.4，16版；《民生報》，1997.8.12，19版；《台灣日報》，1997.9.16，21版。

10. 台中縣拜耳案部份，《中國時報》，1998.3.8。4版

11-20. 吳巨盟，＜我國首次實施公民投票的意義與展望＞，世新大學民意調查中心2004總統選舉：傳播、策略、方法學術研討會，2004.5.15，表三，P7-9。

21. 坪林鄉公投部份，本報地方中心／台北報導，坪林鄉公投98%票數贊成北宜高開放交流道，Ettoday新聞電子報。http://www.ettoday.com/2003/09/13/10844-1512672.htm

22. 集集公投，林佳慧，林佳龍：集集公投和平理性不會有負面影響，Ettoday新聞電子報。http://www.ettoday.com/2003/10/04/157-1523259.htm

23. 苗栗縣西湖鄉公投，中廣新聞網，西湖鄉公投投票率七成五贊成設交流道百分之九十八，Yahoo新聞電子報。http://news.yam.com/bcc/life/news/200311/0200311090147.html

24. 南投組合屋，記者吳淑萍、王英章、黃耀慶／南投報導，投縣／1599人公投七成贊成「撤換郭瑤琪」官方：遺憾，Ettoday新聞電子報。http://www.ettoday.com/2003/11/16/10844-1544558.htm

25. 台灣第一次公投部分，領票數未過門檻　公投兩題皆遭否決，TVBS-N新聞電子報。http://www.tvbs.com.tw/news/news_list.asp?no=tzeng20040320233013

　　2003年6月，由於次年3月的總統大選逼近，而民進黨總統候選人陳水扁表示將以公民投票方式讓人民來決定如核四電廠興建案以及台灣加入世界衛生組織（WHO）等議題，使得公民投票爭議再次成為公共論壇上的焦點話題。泛藍軍陣營長期以來對公民投票議題始終是採取保守策略，以「拖」字訣來拖延這個議題的處理。但眼見當時各項民調資料13（包括國、親兩黨內部未公開之民調資料）均顯示民意高度支持公民投票，在幾經協商後，終於確定對公民投票的法制化議案改弦更張，一改過去拖延和阻滯的態度，積極提出草案。其實在此之前，立法院內即已經存在五個有關公民投票的提案，包括行政院版「公民創制複決法」草案、國民黨版「公民創制複決法」草案、郁慕明版「公民投票法」草案、台灣團結聯盟（簡稱台聯）版「公民投票法」草案、陳金德版「地方創制複決法」草案14。泛藍陣營既決定改採支持公投法的立場，於是撤回原有的「公民創制複決法」草案，大幅更張原有內容並提出新版本。而行政院也撤回原有提案，改提出「公民投票法」草案。同時民進黨黨團與台聯黨團也各提出草案版本，形成四案同時審查的局面。

　　2003年11月27日，經過相當緊張的表決過程，立法院基本上通過了以國親聯盟草案為主的「公民投票法」，並咨請總統公佈。但正因為該法案大多數是依國親的草案通過，引起執政當局不滿，因此於12月12日依憲法增修條文第三條第二項第二款規定，以＜院台內字第0920068066號＞函，經總統核可後，以＜華總一義字第09200232930號＞函，送請立法院對公投法部分條文提出覆議，創下我國憲政史上行政院對立法院所通過之法律案進行「部分條文覆

---

13 楊增暐，《我國「創制複決法」草案各項版本之比較分析》，中國文化大學中山
　　學術研究所碩士論文，民92年6月，頁78。
14 有關該五草案之主要內容，請參閱楊增暐，前揭論文，頁76-109。

議」的先例。行政院在12月10日的第二千八百六十九次院會中，以公投法第十六條只允許立法院擁有公投提案權，卻完全排除行政機關的提案機會，有違權力分立制衡原理，以及公投審議委員會設置不當爲理由，決議「通過，呈請總統核可後，移請立法院覆議」；行政院方面並以「鳥籠公投」來形容這些限制與問題[15]。不過，12月20日，經過立法院院會的討論及表決，最後以118：95票否決行政院的覆議，維持「公投法」原案，並且由總統於12月31日公佈實施。以下即根據我國「公投法」立法的主要歷程，製作表5-2，以供讀者了解我國「公民投票法」立法過程之梗概。

　　由表5-2吾人可以清楚的看出，我國「公民投票法」之所以能在2003年下半年成功完成立法，主要的轉折期是2003年6月之後，其中最關鍵的因素是因爲次年第十一任總統的選舉逼近，爲了因應這場大選，朝野政黨都在公民投票議題上有所發揮。其中在野的國民黨與親民黨改變過去一貫保守的立場，無疑的是導致最後「公民投票法」能順利過關的關鍵因素。這也間接的證實了過去公投法之所以一直無法順利的完成立法，確實與國民黨對公民投票觀念和制度的不信任有著極爲密切的關係。

---

15 《中國時報》，民92年12月20日，第二版。

表5-2　　台灣公民投票法制化歷程表

時間	事　　　　　　　　項
1993/06起	蔡同榮等立法委員先後提出「公民投票法草案」、「創制複決法草案」
1993/12/15	行政院（院長爲連戰）提出「創制複決法草案」（1999年2月1日屆期不續審，原案打消）。
1994/03/16	公投法協商版（整合立委林濁水、黃爾璇、郁慕明、高育仁、蔡同榮版本）經立法院內政及邊政、法制委員會聯席會議審查通過。
1995/05/05	公投法草案排入院會議程，進入二讀程序，但經立法院決議暫緩審議。
2001/04/02	行政院（院長爲張俊雄）提出「創制複決法草案」。（2002年2月1日屆期不續審，原案打消）。
2002/04/04	行政院（院長爲游錫堃）提出「創制複決法草案」。
2002/05/10	台聯黨團提出「公民投票法草案」。
2003/04/18	親民黨團提出「創制複決法草案」。
2003/07/08	立法院召開臨時會審議「公民投票法草案」，但未完成審議。
2003/10/03	行政院函請立法院同意撤回2002/04/04所送審議之「創制複決法草案」。
2003/10/24	民進黨團提出「公民投票法草案」。
2003/10/31	國民黨團與親民黨團提出「公民投票法草案」。
2003/10/31	行政院（院長爲游錫堃）提出「公民投票法草案」。
2003/11/27	立法院三讀通過「公民投票法」。
2003/12/20	行政院送請立法院覆議「公民投票法」部分條文，但遭立法院以118：95票否決，維持原決議。
2003/12/31	總統公佈實施「公民投票法」。

資料來源：本表主要依據行政院編印，《台灣民主發展的臨門一腳：公民投票》政策說帖，2004年1月，頁9，但筆者已略做增刪。

第二節　我國公投法的主要內容與問題

一、公投法主要內容

　　我國「公民投票法」計有八章六十四條。為便於讀者有一個全面性重點的了解，此處筆者先依該法之規定，製作表5-3如下：

表5-3　我國公投法主要內容一覽表

事項	主要內容	備註
立法依據（第一條）	憲法第二條：國民主權及憲法第十七條：直接民權。	本法未規定者適用其他法律之規定。
適用事項（第二條）	A.全國性 　1.法律之複決 　2.立法原則之創制 　3.重大政策之創制或複決 　4.憲法修正案之複決 B.地方性 　1.地方自治法規之複決 　2.地方自治法規立法原則之創制 　3.地方自治事項重大政策之創制或複決	公投事項之認定，由公民投票審議委員會為之。
排除適用事項（第二條第四項）	預算、租稅、投資、薪俸及人事事項。	
主管機關（第三條）	全國性公投：行政院。地方性公投：直轄市、縣（市）政府。	直轄市或縣市政府對地方性公投提案是否屬地方自治事項範圍有疑義時，應報請行政院認定（第二十六條） 各級選舉委員會於辦理公民投票期間得調用各級政府職員辦理事務。

（續）表5-3　我國公投法主要內容一覽表

事項	主要內容	備註
預算來源（第五條）	各級主管機關依法編列預算。	
投票權人、提案人、連署人資格（第七、八條）	中華民國國民年滿二十歲，且無褫奪公權或受禁治產之宣告者。在中華民國、各該直轄市、縣(市)繼續居住六個月以上。	各種期間之計算準用選罷法第四條第二項及第五條之規定。
公投案之提出（第九條）	由領銜人一人檢具主文、理由書及提案人名冊（正本、影本各一份）向主管機關提出。	主文不得超過100字，理由書不得超過1500字，超出部分不予公告或刊登公報。 公投案之提出以一案一事項為限。
提案人數門檻（第十條及第二十七條第一項）	全國性公投提案人數應達最近一次總統、副總統選舉選舉人總數5‰以上。地方性公投之提案人數應達最近一次直轄市長、縣市長選舉選舉人總數5‰以上。	完成提案後交審議委員會於十日內完成審核。通過審核者領銜人應於十日內領取連署人名冊格式，徵求連署。
連署人數門檻（第十二條及第二十七條第二項）	全國性公投連署人數應達最近一次總統、副總統選舉選舉人總數5％以上。地方性公投連署人數應達最近一次直轄市長、縣市長選舉選舉人總數5％以上。	全國性公投僅限於第二條一、二、三款之事項。 領銜人應於六個月內完成連署，逾期未完成者三年內不得就同一事項重行提出。
對行政機關之限制（第十三條）	除依本法之規定外，行政機關不得辦理或委託辦理公投事項，亦不得動用任何經費及人員。	

（續）表5-3　我國公投法主要內容一覽表

事項	主要內容	備註
提案審查（第十四條）	主管機關於收到提案後應於十五日內完成審查。通過者再送請審議委員會，委員會應於三十日內將結果通知主管機關。	合於規定者主管機關應移送各該選委會辦理公投事項。選委會應通知領銜人於十日領取連署格式，徵求連署。
立法院提案權（第十六條）	立法院對重大政策之創制或複決事項認為有進行公投之必要者得經院會通過交中選會辦理公民投票。	需附具主文和理由書。
防禦性公投（第十七條）	當國家遭受外力威脅致國家主權有改變之虞，總統得經行政院院會之決議，就攸關國家安全事項交付公民投票	本事項不適用第十八條及第二十四條之規定。亦即解除有關公投之期間和得與全國性選舉同日舉行之限制。
公投案之阻卻（第二十條）	創制或複決案於公告前，如經立法機關通知選委會已實現創制或複決之目的，該公投案即應停止進行，並由選委會函知領銜人。	
公投案之結果（第三十條）	公投案投票人數達全國、直轄市、縣市投票權人總數二分之一以上，且有效投票數超過二分之一同意者，即為通過。	公投案通過後依第三十一條規定，複決案自公告日起算至第三日失其效力；創制案則由主管機關於三個月內擬具法案送交該級議會於下一會期休會前完成審議；有關重大政策者則由權責機關為實現該公投案之必要處置；修憲案則應依修憲程序為之。公投案經否決者三年內不得就同一事項重行提出。有關重大政策複決經否決者在該設施完工啟用後八

（續）表5-3　我國公投法主要內容一覽表

事項	主要內容	備註
		年內不得重行提出。同一事項之認定由審議委員會為之（第三十三條）。
公投審議委員會之設置（第三十四－八條）	職權：全國性公投事項之認定、公投案是否為三十三條所定義「同一事項」之認定。 組織：置委員二十一人，任期三年，由各政黨依立法院各黨團席次比例推薦送交主管機關提請總統任命。主任委員由委員互選之。 直轄市、縣市政府應設地方性公投審議委員會。	直轄市、縣市公投審議委員會之決定應函送行政院核定。行政院對該事項是否屬地方性公投事項有疑義時，應提經行政院公投審議委員會認定之。
公投爭訟（第五十四－六十一條）	公投若涉及中央與地方職權劃分或法律、行政爭議，應依大法官解釋或依行政爭訟程序解決之。 一審管轄法院為公投行為地之該高等行政法院，若行為地散在各高等行政法院轄區內則各該高等行政法院均有管轄權。 二審法院為最高行政法院，審理一審之上訴案或抗告之公投訴訟事件。	公投案之領銜人、立委總額三分之一以上（對全國性公投）、地方議會半數以上（對地方性公投）認有違憲或違法情事、有關公共設施之設置或管理機構得依行政爭訟程序提起救濟；該訴願或爭訟進行期間受理訴願之機關或行政法院得暫時停止公投之進行。 公投訴訟經判決確定全部或部分無效者應定期重行投票。

製表說明：

1. 筆者依「公民投票法」相關規定制定本表。

2. 有關罰則部分，亦即39－53條；附則部份，亦即62－64條，予以省略。

二、公投法主要問題

我國公投法的相關問題，歸納來說有下列幾項：

（一）違憲的疑義

我國「公民投票法」第二條第二項第四款有關全國性公民投票適用的事項包括憲法修正案之複決，這項規定從表面上來看似有違憲之嫌，論者對此亦多有評論[16]。我國憲法增修條文第一條第二項第一款規定：「依憲法第二十七條第一項第四款及第一百七十四條第二款之規定，複決立法院所提之憲法修正案」，同時於同條第二項排除適用憲法第四條、第二十七條第一項第一款至第三款及第二項、第一百七十四條第一款之規定，也就是說我國目前修憲之程序為立法院立法委員四分之一之提議，四分之三之出席，及出席委員四分之三之決議，擬定憲法修正案，提請國民大會複決。復依憲法增修條文第一條第一項之規定，立法院提出憲法修正案，經公告半年，應於三個月內採比例代表制選出國民大會代表，對立法院所提出之修憲案進行複決。這種國民大會被稱之為「任務型國大」或「修憲國大」。總之，依我國現行修憲程序基本上對修憲權是採「憲法保留」，並將之賦予國民大會，不過因為國民大會正式修憲前必須依比例代表制選舉國大代表，因而事實上我國現行修憲制度已含有「間接公民投票」之意涵。這一點在筆者擔任第三屆國民大會代表，實際參與第六次修憲的討論和政黨協商過程中即可充分理解修憲意旨中實已包含間接公民投票之意義。

而現行公投法第二條第二項第四款對憲法修正案之複決卻列為全國性公民投票適用事項，與「憲法保留」之修憲程序和修憲權之

---

16 陳英鈴，＜公民投票法的制度設計＞，《台灣民主季刊》，第一卷，第二期，2004年6月，頁81。

歸屬顯有牴觸。不過因為公投法第三十一條第二項第四款規定：「有關憲法修正案之公民投票，應依憲法修正程序為之」，使得公投法至少在形式上仍然尊重「憲法對修憲程序的保留」原則。故而如果吾人很武斷的說公投法有關修憲複決的規定「顯已違憲」，似欠公允。不過，如果吾人仔細研究公投法有關修憲複決之規定，可以發現公投法在此權的行使設計上，根本是一項鏡花水月的空泛設計。何以如此？關鍵因素在於該項權力的行使根本無發動機關。依公投法第十二條第一項之規定，第二條第一、二、三款之連署人規定為「最近一次總統、副總統選舉選舉人總數的5％」，此處刻意將有關憲法之修改連署人排除，這表示有關修憲之複決將另訂較高連署之標準，但本條及其他各條卻完全無此規定。這等於是將公民可以透過提案和連署提出公投案的項目排除掉修憲之複決，這與第二條第二項之規定顯有矛盾。這個現象的形成無論是無意疏漏或是有意安排，幾乎會形成公民無法提出修憲案之複決的局面。另外，有權提公投案的立法院也只能就公投法第二條第二項第三款，亦即重大政策之創制或複決提案（第十六條）；總統也只能依第十七條提出「防禦性公投」，故而實質上公投法對修憲複決之公投設計，充其量只是空泛的形式，幾乎無法落實。但是，這並不能減低公投法有關修憲複決之規定恐有違憲之虞，這一點亟待將來修法時予以補正。

（二）公投程序的矛盾規定

公投法第十條規定，公投審議委員會應於收到公投提案後十日內完成審核，提案不合規定者應予駁回。同時審核期間並應函請戶政機關於七日內查對提案人名冊，並應分別函請立法院和相關機關於收受該函文後一個月內提出意見書。可是，第十四條卻又規定主管機關於收到公投提案後經「審查」如有不符規定者應於十五日內

予以駁回。合於規定者則交付審議委員會「認定」，該審議委員會應於三十日內將「認定」結果通知主管機關。此處顯然與第十條的規定相互矛盾。人民所提出之公投提案到底應該交給「主管機關審核」，還是交給「審議委員會認定」[17]？從第十條來看，公投提案的審議權應屬審議委員會，從第三十四條以及第三十七條有關中央及地方公投審議委員會的職權來看，此權也應該屬於審議委員會。既然如此，那何以又有第十四條的規定？此為矛盾之一。

其次，第十條規定審查期間為十日，可是第十四條卻又規定主管機關有十五日審查期，審議委員會又有三十日之「認定」期間，換言之，相關審查期間為四十五日，這遠多於第十條所給之十日期限。這兩者明顯的有所矛盾。復次，第十條規定戶政機關的核對提案人資料期為七日，十四條卻為十五日。再次，第十條規定審議委員會應依提案性質分別函請立法院及相關機關於收受函文後一個月內提出意見書，但第十四條卻規定提案經審查、認定合於規定者，「主管機關」應依提案性質分別函請立法院及相關機關，前者於六個月內，後者於三個月內提出意見書，同時意見書不得超過3000字，超出部分不予公告及刊登公報。此處與第十條規定顯有多處矛盾[18]：一、立法和相關行政機關提出意見書的期間就有不同；二、第十條的規定是在十日的審查期間內就必須函知各該機關提出意見書，此時審議委員會應該尚未對提案做出決議，可是第十四條的規定卻是主管機關在審查提案合於規定的情況下才能函知各該機關提出意見書，兩者發函知會各機關的時機完全不同；三、第十條規定審議委員會經審核完成符合規定者於舉行聽證會後通知提案領銜人於十日內向中選會領取連署人名冊格式徵求連署，逾期視為放棄連

17 本項問題行政院在＜院台內字第0920068066號＞送立法院覆議函的說明項中亦曾論及。
18 同前註。

署。而第十四條卻又規定主管機關於分函各機關時，應將提案移送各該選委會，選委會收到提案後應通知提案領銜人於十日內向各該選委會領取連署格式徵求連署，逾期視為放棄連署。此處有關通知提案領銜人的機關到底是審議委員會還是各該選委會？實在是搞不明白。難怪有論者對此現象批評為：「此種設計亂無章法又自相矛盾…，令人百思不得其解[19]」。

　　總之，公投法第十條及第十四條有關公投提案的審查設計存在著極大的矛盾，這些矛盾的形成或許與公投法倉促立法有著極大的關係，所謂百密一疏勢所難免。不過這些瑕疵恐怕已造成公投法的窒礙難行，實在有必要儘快修正。

（三）公投審議委員會的爭議

　　公投審議委員會的設置基本上是國親兩黨的意見，根據國親兩黨所提出之「公民投票法」草案的第四條：「行政院應設公民投票審議委員會…」。由此可知，公投審議委員會的設置是來自於國親等在野黨的主張。而行政院方面對此則採取反對的態度。公投法於2003年11月27日三讀通過後，行政院在同年12月12日送請立法院覆議的函文中，對此即明白表示反對。行政院所持之理由是：1、組織疊床架屋：有關公投事務得由各級選委會辦理，何需再設置審議委員會？2、有礙於主權在民原理之落實：公投制度為落實主權在民之精神，其議題之審議應避免政黨之操縱。而審議委員會之委員由各政黨依立法院各政黨席次比例推薦產生，是將代議政治凌駕於直接民主之上，違反公投精神。3、違反權力分立原理：審議委員會的組成方式嚴重干預行政機關人事任命及組織運作權，嚴重違反權力分立原理[20]。

---

19 陳英鈐，前揭文，頁90。

除了行政院對此表示不滿外，輿論界及學術界也有部分論者與行政院採取相同的立場[21]，且其論證也大體相同。而持平的來看這個問題，若謂設置審議委員會對公投提案進行事前審查即為違反主權在民原則，筆者以為有些言過其實。因為考諸世界各國的先例，權責機關對公投提案進行提案內容的實質審查，並非我國公投法獨有之機制，義大利的法院即擁有此權。更何況，我國公投法與義大利憲法一樣都對公投內容設有排除條款，亦即有部分事務是不能拿來公投的。既設有排除條款即必須有權責機關對提案內容進行審查，以檢視是否有禁止事項的發生。此外，依公投法第十二、十六和三十三條之規定，均設有「三年內不得就同一提案重新提出」的限制。而公投提案是否符合這些限制的條件？將會嚴重影響提案人的權益，所以也的確需要一個審查機關對人民的公投提案做出公正的審查。再說，如果公投提案的領銜人對審議委員會的審查決定不滿，還可以依公投法第五十五條之規定提起救濟，不至於形成審議委員會專擅之情事。此外，許多國家的法院都設有司法審查權（judicial review），亦即法院可以審查法律（不論是間接立法或直接立法的法律）是否有違憲或其他違法情事，而法院的此項權力並不會被視之為是法院凌駕於民意之上。故而吾人以為實無必要把審議委員會的設置當成是絕對違反民主原理的事。不過，目前公投法對審議委員會的處理確實有必須修改的地方，否則不但會產生侵犯行政權的質疑，也會發生窒礙難行之情事。

第一、審查委員會的職權的確與「主管機關」會發生競合與矛盾的關係，這一點本節已有討論，此處不再贅述。第二、公投法第三十五條有關審議委員會委員的產生方式，確實有侵犯行政權的疑

---

20 行政院，院台內字第0920068066號函，民92年12月12日，頁2。
21 自由時報，民92年12月20日，第二版。以及陳英鈐，前揭文，頁89-90。

慮。因爲人事任命權基本上是行政權的主要組成部分之一，其他機關可以用任命同意權或法律限制積極、消極資格的方式來制衡行政機關，但卻不適宜用指定政黨比例的方式來產生人選。目前我國除了公投法對審議委員會委員有此設計外，選罷法中對選舉委員會委員的產生也有類似的規定。我國會產生此種特殊的人事任命方式，應與我國特殊的政治情勢有關。我國朝野之間的互信極低，因此對於一些須保持中立性的機關一般都抱持著不信任的態度，故而想盡辦法希望增強這些機關的中立性。然而再中立的機關還是都由「人」組成，而在台灣特殊的政情下，朝野間最不相信的就是人。結果只好把這些需要保持中立性的機關搞成依政黨比例來產生組成人員，這也算是一種不得不然的辦法吧！所以以國親黨團爲主的在野黨派以此方式來設計公投審議委員會的委員產生方式，可以說是「情有可原」。不過，權力分立、相互制衡是民主政治中非常重要的基本原則，不能隨意妥協或打些折扣。人事任命權應該歸屬於行政機關，這是沒有疑義的。因此，公投法可以規定審議委員會委員的資格，甚至可以要求任命案須得到立法院的同意，也可以規定同一政黨委員不得超過一定比例，甚至於可以同意由各政黨、民間團體推薦參考人選，但就是不宜直接在委員產生方式中強制規定依立法院各黨團的比例來產生，這幾乎是等同於由政黨來任命人選，的確是不恰當的。

（四）立法院擁有公投提案權的爭議

　　公投法第十六條規定，立法院對「重大政策之創制或複決」認爲有進行公民投票之必要者，得附具主文、理由書，經立法院院會通過後，交由中央選舉委員會辦理公民投票。同法第十三條又規定，行政機關不得藉用任何形式對各項議題辦理或委託辦理公民投票事項，行政機關對此亦不得動用任何經費及調用各級政府職員。

換言之，立法院擁有部分公民投票提案權，然而卻完全排除行政機關的公投提案權。這項主張一部分是來自於國親黨團的「公民投票法」草案的第十八條，不過在該草案中並未設計立法院的提案權，同時也以法律例外的形式賦予行政院就國家重大公共建設政策提案進行公民投票的權力（第八條第三款）。但在立法過程中，顯然立法委員對公民投票可能會對立法權產生某種程度的傷害存有疑慮，故而在立法協商中加入第十六條的規定，使得立法院取得「重大政策」的提案權以牽制行政院。另外則完全阻止行政院任何的公投提案權，這種態度顯然比原先國親版的草案還要嚴厲許多。另外則在第二十條中設計「公投阻卻」的機制，以防止立法權在公投過程中失去立法主動性。立法院這幾項制度設計，筆者以為很明顯的是站在保護立法權的思維立場上所產生的結果。

就一般內閣制同時採用公投制度的國家來看，國會擁有公投提案權是非常普遍的現象，甚至在採行最典型內閣制的英國，國會同意的公投是唯一的公投形式，其他如法國、義大利、瑞典、丹麥幾乎全部都存在國會提案的公投，所以行政院在送請立法院就公投法部分條文覆議函文中所做的說明：「公民投票法第十六條超越憲法規定之外，賦予立法院得提案交付公民投票之職權，不但有擴權之嫌，且逾越憲法所訂立法權之分際。」又云：「政策釐訂本屬行政權限，不屬立法權範圍，若立法院得片面將重大政策交付公民投票，不但嚴重侵奪行政權之空間，且破壞行政與立法之間的平衡，違反權力分立制衡原理[22]」，基本上有言過其實之嫌。因為我國憲法六十三條明訂：「立法院有議決法律案…及國家其他重要事項之權。」行政院在前開函文中也引用了憲法六十三條做為論據，不過行政院卻忽略了，立法院也是用此條做為取得公投提案權的論據，

---

22 行政院，前揭函，頁1。

因為憲法六十三條末段文字：「議決…國家其他重要事項之權」，範圍相當的寬廣，行政院以立法院擁有公投提案權有擴權且逾越立法權之嫌，並無十足之論據。況且，「政策釐訂本屬行政權限，不屬立法權範圍」的說法恐亦屬偏見，因為就民主政體行政與立法關係的運作原則來說，政策釐訂權恐屬行政、立法雙方所共有，而非任何一方所獨有，否則就法理邏輯來說立法委員何需有提案權？總統制國家的總統又何需擁有覆議權？覆議的對象又是如何產生？可見，行政院以該院應獨自擁有政策釐訂權是單方面的偏見，不足以做為反對立法院不應獨自擁有公投提案權的論證。

　　但公投法只賦予立法院對重大政策的創制與複決提案權，筆者也認為似有不妥。其實無論行政機關或國會機關會想啟動公民投票機制，大多數是因為行政、立法兩權之間發生齟齬，而一方想引用民意以自重。這種情形與本書第四章所討論的「任意的被動式複決」非常類似。因此，若是只賦予一方公投提案權，確實容易造成政治爭議。故而最好的方式是由行政院提議經立法院同意之後，才能提出公投案。換言之，行政院可掌握提案的主動權，但立法院卻握有最後的同意權；即使國會想主動提公投案，也必須透過府院協商，請行政院代為提議再交由國會行使同意權之後正式提案。如此，雙方無任何一方可以單獨發動公民投票。如果雙方對某項重大政策確有爭議，而且爭執不下，此時只要雙方都有意願以公投的方式解決紛爭，那自然可以透過程序來提案。此時公民等於是站在仲裁者的立場來定紛止爭，不至於捲入行政與立法的爭議。但如果只賦予一方擁有提案權，那就等於是迫使人民涉入行政與立法的爭執，這反而會形成紛爭。再說，公民投票本質上是直接民主的一種形式，公民自主的提案權才是核心的問題，政府提案除非必要盡量不要啟動；即使啟動，人民也應該是以仲裁者的身分去解決問題，絕對不可以人民為政爭的工具。這種由行政機關提議，經國會同意後才能

提公投案的主張，基本上是奧地利和丹麥的制度，筆者覺得頗值我
國借鏡。

（五）防禦性公投的爭議

公投法十七條是我國公投立法過程中最令人矚目，同時也是爭
議性最大的一個條文。該條文最引人注意的地方在於，此項公投形
式是唯一由總統提案，且無需任何其他機關的審查與牽制。其次，
所謂防禦性公投是公投法中唯一一種無法律實質效力的公投形式
[23]，與「諮詢性公投」的性質十分接近，因此其結果只具參考價值
而不具實質規範性的結果。考諸我國在2004年3月20日與第十一屆
總統同日舉行的首次防禦性公投的結果雖然「未通過」，但投票前
與投票後相關政府機關所表達之無論公投結果如何，購買反飛彈設
施的政策不會改變，就可以知道根據公投法十七條所發動的公投，
其結果只具有參考價值，這與條文本身所表達之「當國家遭受外力
威脅，至國家主權有改變之虞⋯就國家安全事項，交付公民投票」
的嚴肅性，完全不成比例。

其實，公投法十七條在本質上不是法律或重大政策的公民投
票，而是政治性的公民投票，其性質與公投法第二條第二項所定義
的公投事項在基本性質上，完全不同，而這正是它在立法過程中引
發社會關注與爭議的原因。所以在公投法通過之後，雖然大多數條
文均依照國親聯盟的草案版本通過，唯獨十七條是依照行政院與民
進黨的草案版本通過，此時各界的解讀都認為民進黨政府在公投立
法的爭執上輸掉了，可是做為總統與民進黨主席的陳水扁卻公開聲
稱，只要過了十七條一條就算贏了[24]。筆者以為，其實陳水扁的著

---

23 防禦性公投是公投法第31條有關公民投票結果當中唯一未作規定的公投形式，
　故而筆者將之稱為無法律實質效果。

眼點正是十七條的政治性質，或許以陳總統的「巧門」之說，最能點出十七條的本質。事實上，原本反對十七條的泛藍陣營在表決前夕突然又改弦更張改採贊成通過的根本原因，也是政治[25]。故而，吾人可以說，公投法第十七條所謂的「防禦性公投」、「防衛性公投」或「和平公投」，其實質都是「政治公投」，這也就難怪它會充滿爭議性了。

「防禦性公投」的爭議主要來自於它的政治本質，展現在法律形式上的就是它文字的模糊。條文所述：「*當國家遭受外力威脅，致國家主權有變更之虞*」，這段文字對適用該條款的「情境」描述非常難以定義。何謂足以造成國家主權有變更之虞的外力威脅？是「戰爭」還是逼近戰爭的「戰爭邊緣」？若是前者，那舉辦公投還來得及嗎？若是後者，那這個「邊緣」的定義又是什麼？從立法的原始旨趣來看，立法者的意象是指戰爭的發生[26]，所以賦予總統在國家危急狀態下以公民投票凝聚國人抗敵意志的權力；可是依照2004年實際使用「防衛性公投」的情況來看，這一切的條件又完全交由總統一人決定，這等於是由立法院開了一張「空白支票」交給總統隨時兌現。這兩者之間的差距實在是太大了，無怪乎2004年大選之後，「違法公投」、「公投綁大選」、「無效公投」等各種指責不斷[27]。其實這些指責全都肇因於十七條的文字敘述其實根本就是政治言詞而非法律用語。

其次，由於我國公投法立法之後的首次「防禦（衛）性公投」

·24 《聯合報》，民92年11月28日，第二版。

25 立法院，《立法院公報》，第92卷，第54期（3328）（上），頁118-297。

26 同前註。

27 陳志瑋，＜三二〇公投與台灣政治發展＞，《台灣民主季刊》，第一卷，第二期，2004年6月，頁51-53。

與總統大選同日舉行，事後逐引發該公投違反公投法十七條排除適用二十四條之爭議。十七條第二項規定：「前項之公民投票（按：防禦性公投）不適用第十八條關於期間之規定及二十四條之規定」。而二十四條是規定中央選舉委員會舉辦公民投票時，「得」與全國性之選舉同日舉行。從條文表面來看，十七條既已「不適用」第二十四條，即表示：防禦性公投「不得」與全國性選舉同日舉行。如果採取此一觀點，那麼2004年的公投自屬違法。但亦有持不同見解者，該見解認為，所謂「不適用」屬於法律限制的解除，亦即當法律規定「應」為某事或「不得」為某事，一旦排除適用的話，表示「得」不為某事，或「可」為某事。但在「得」為某事的情況下，不適用該規定只能說是該條文可視為不存在，但不代表「不得」為某事[28]。依此邏輯則公投法二十四條可視為不存在，十七條的防禦性公投仍「得」與全國性選舉同日舉行。

對於此一法理形式邏輯的問題，筆者無意討論，因為筆者認為法律的執行不是單純的討論形式邏輯，而必須回到立法者的本意。考諸公投法立法時的《立法院公報》所載，吾人可以清楚地看到，多數立法委員認為防禦性公投不得與全國性選舉同時舉行[29]，否則第十七條第二項的文字豈不成為「贅文」，根本是「無的放矢」！更何況，第二十四條的規定是給予中選會舉辦一般性公投（即第二條第二、三項）行政裁量空間，而第十七第二項卻是特別規定，依「特別規定優先於一般規定」的適用原則，十七條二項的使用當然優先於二十四條；再說，十七條二項已明文排除二十四條的情況。所以筆者認為防禦性公投是不能與全國性選舉同日舉行的。不過，如果發生此種情形該如何處理？公投法則未作規定。對此仍有待法

---

28 陳志瑋，前揭文，頁53。
29 同註25。

律實務界的審判或法律解釋來做進一步的補充。

防禦性公投已經引發極大的政治和法律爭議,而此種爭議短期內恐怕仍難有一個結果。就法律的目的來說,法律應該是維持社會的秩序與正義。因此如果某項法律或法條不但不能維持社會秩序與社會正義,反而形成爭執與不安,那就表示該法律(條)須修改或放棄了。否則社會秩序與社會正義要如何維持,法律又如何能建立起應有的公信力。

(六)提案與連署門檻的爭議

公投法第十條、十二條以及第二十七條分別對全國性公投的提案人數、連署人人數以及地方性公投的提案和連署人數的標準分別予以規範。其中提案人人數訂為最近一次總統、副總統選舉,選舉人數的5‰;連署人人數則訂為最近一次總統、副總統選舉,選舉人數的5%;地方性公投則採取一樣的比例,亦即舉辦該公投案的直轄市、縣市最近一次直轄市長或縣市長選舉,選舉人數的5‰ 與5%。

對於此項標準有不少批評的議論,認為人民發動公投的門檻限制過高,並且舉瑞士聯邦憲法第一百三十八、一百三十九條的規定,人民對修憲案的創制或複決只需要十萬人的提案便得以提出,約佔瑞士選舉人人數的2.2%[30]。不過瑞士的標準是1848年制憲時所訂之標準,至今已適用一百五十年以上。一百多年前的十萬人與現在的十萬人在人口比例上是完全不一樣的。這也就是說,瑞士全國性公投的提案人數比例是一百五十年前的標準,因此完全以瑞士的標準來衡量提案人數的比例,未必適宜。譬如,以美國各州創制

---

30 陳英鈴,前揭文,頁87-89。

案、複決案的提案標準來看，最低的是北達柯塔（North Dakota）州，其標準訂為2.7％，與瑞士聯邦的標準相當；最高的是懷俄明（Wyoming）州的15％；密西西比（Mississippi）州也有12％；採10％的州最多，有緬因（Maine）州等七個州；平均則為7.5％[31]。所以，公民投票的提案標準恐怕要再衡量人口總數與不同國家的政治文化、民主政治發展程度等各個因素，才能訂出較為合適的標準。換言之，吾人不能拿瑞士2.2％的公投提案標準做為一個「絕對值」，而只能是一個「參考值」。

此外，對於公投法第三十條有關公投通過的標準，也就是全國或地方公投均須達到投票權人總數二分之一以上，且有效投票數超過二分之一同意者，即為通過的標準，部分論者認為過高[32]。不過絕大多數採用公民投票制度的國家，如法國、義大利、澳洲、葡萄牙等國家，以及美國多數採取公投制度的州，都採用同一標準。所以基本上這也是一個沒有絕對標準的問題，端視各國自己的需求去訂定標準。

不過，我國公投法有關公投案的成立，也就是前面討論的公投法第十、十二條以及二十七條的規定，筆者雖不認為現有之標準太高，但對提案和連署的雙重門檻設計，筆者卻以為無此必要。因為提案和連署的意義基本上差異不大，而且提案時的公投案內容與連署時的公投內容是同一個內容，相同的東西，何必要經過兩次的審查和連署的過程？當然，或許有人會認為提案的標準是5‰，比起連署的5％標準要簡單的多了，所以先提案再連署的設計可以先篩除一些沒有必要的公投，也可以為一些過得了提案卻過不了連署的

31 David Butler & Austin Ranney, *Referendums Around the World: The Growing Use of Direct Democracy*（Washington D.C.: AEI press, 1994），table7-1, p. 226.
32 同註30。

公投案爭取一些媒體報導的宣傳機會。但筆者以為其實公投案一旦
開始提案就已經開啓了宣傳的過程，即使最後過不了５％的提案門
檻，只要議題的本身能引起社會足夠的關注，它早晚會成為重要議
題。所以單一提案門檻的設計，並不會妨礙少數議題被社會注意的
機會，卻可以提高公投案進行的效率。更何況，在採用公投制度的
國家裡，鮮少看到與我國公投法一樣的雙重門檻設計。故而改採單
一門檻設計是一個值得思考的方向。

第三節　公投法的修法建議

　　基於本章第二節的討論，吾人可以發現我國「公民投票法」雖
然立法時間不長，而且只適用了一次，按理說不宜太早進行修改，
因為該法還需要一點時間來發現問題、累積經驗以做為修法時的重
要參考。但是，現行的公投法是在政治考量下倉卒立法，而且也是
在政治考量之下否決了行政院的覆議。可是現行公投法確實有部分
地方窒礙難行，甚至在公投進行程序的規定裡，存在矛盾與不可行
之處，這些地方如不儘速修正，將會導致公投法根本無法累積實踐
經驗的現象，對我國民主發展會發生阻礙。因此儘速修改公投法，
筆者認為已經是一件迫在眉睫的事，2005 年 2 月第六屆立法委員就
職之後即應對此儘速修法。作者基於對公民投票制度的興趣和責任
感，謹提供下列修法參考意見，盼能有助於公投法的修法工作，也
期盼能夠達到拋磚引玉的功用，引發讀者諸君也能提供意見，讓第
六屆立法院能儘快完成公投法的修正。

一、廢除公投法第二條第二項第四款或增訂「日出條款」

現行公投法第二條有關全國性公投適用事項中將「憲法修正案之複決」也列入公投事項，遂引發違憲之爭議。這款規定是否違憲？吾人已於前一節中有所討論，此處不再贅述。不過無論如何這款規定的確會引發違憲的疑慮，若不作修改遲早會引起釋憲的壓力。為免除違憲疑慮，立法院應該將之刪除，或者增訂第二條第三項：「前項第四款待憲法修正案通過憲法修正程序改採公民複決之後實施」的「日出條款」。

二、改採提案單一門檻

現行公投法第八、十、十二、十四、十五、二十七各條均規定人民提出公投案時須經過提案以及連署兩個階段，並訂有提案須有5‰、連署須有5％的門檻。對此，吾人於本章前一節中已有詳述。在維持5％提案標準的前提下，吾人以為可將連署程序刪除，改採提案單一階段和最近一次總統、副總統選舉或是最近一次該地方行政區行政首長選舉選舉人總數5％的最低提案標準。如此可以簡化公民提案的程序，加強行政效率，對改善公投制度，深化民主較有幫助。

三、統整公投程序

現行公投法第十二條及第十四條有關公投提案的程序相互矛盾，可以說是造成目前公投法窒礙難行最關鍵的問題所在，故而非修不可，否則現行公投法會產生「有法，卻不能實踐」的奇怪現象。

　　修改的方向除了本節前項改採單一門檻，刪除連署程序之外，也必須統整「主管機關」與「審查機關」。在公投法第三條中已明白規定全國性公投的主管機關是行政院，地方性公投則是各直轄市及縣市政府。而所謂之「主管機關」既為各級政府的行政機關，則其職責應該清楚的定位在「行政」。換言之，主管機關不必兼理審查工作和執行工作。提案的審查應由「審查委員會」負責；公民投票的舉辦則交由各級選舉委員會去執行。主管機關的職責除了對審查委員會、戶政機關和選舉委員會提供行政支援以及預算的編列、執行外，主要負責公投案的受理以及協調戶政、選務等橫向機關間的行政協調工作，必須刪除現行公投法第十四條第一項的提案審查工作。筆者建議將現行雜亂無章的公投程序簡化成圖5-1的流程。

圖5-1　建議公民投票流程圖

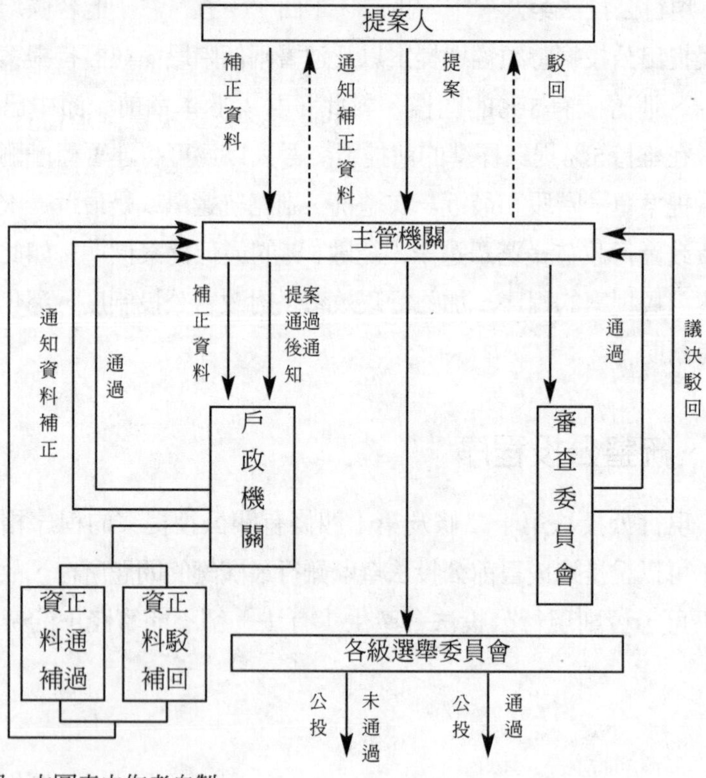

提案人

補正資料　通知補正資料　提案　駁回

主管機關

補正資料　提案通過後通知　通知資料補正　通過　通過　議決駁回

戶政機關

審查委員會

資料補正通過　資料駁回補正

各級選舉委員會

公投未通過　公投通過

說明：本圖表由作者自製

　　根據圖5-1所編排之公民投票流程自可較現行公投法第十二以及第十四條來得清晰，而且主管機關、審查委員會、戶政機關與各級選委會的職權和功能也不會產生重疊與互相扞格的情形。希望筆者此一建議能對釐清現行公投法的程序有所幫助。

四、釐清公投審議委員會之職能

　　有關設置審議委員會的爭議在本章第二節中，吾人已有所討論。其實設或不設該委員會的確是可以討論的問題，但筆者必須指出，無論設或不設該委員會與民主與否或是否涉及侵害其他憲政機關的職權無涉。不過，筆者個人認為設置審查委員會確有必要，因為公投法第二條第四項設有排除條款，而且公投法第十二、十六、三十三各條中均訂有三年內不得重行提出原公投案或與原案類似之提案的限制。因此是必須要有一個超然獨立的機關來做審查、認定，否則事事都要上法院進行訴訟，對法院而言也是一種額外的負擔。所以設置審查委員會，對人民提起之公民投票案進行實質審查，吾人以為確有必要。但對該委員會的審查結果如提案人不服自可依公投法第五十五條規定，依行政爭訟程序提起救濟。如此審查機關、司法機關各司其職，才不會發生扞格。但是審查委員會的獨立性將是該委員會成敗之關鍵，因此如何組成該委員會，將是非常重要的事。吾人在本章第二節中曾提出這樣的看法，即現行公投法有關審查委員會之委員由各政黨立法院黨團依各政黨席次比例推薦組成之規定似有不妥，應修改成各政黨、民間團體、學術團體依據公投法對審查委員會委員所訂之積極資格推薦人選，而後由總統提名經立法院同意後任命之。同時，公投法應規定各政黨及同一團體所推薦之委員人數不得超過總數的四分之一，因為依一般組織的議事規則，大都採取二分之一以上之出席，出席的二分之一以上的多

數決為議決之標準。據此推算，若單一政黨、團體所推薦之委員人數不超過四分之一，將可保證在最低議決標準之下[33]，也不會被單一團體完全掌控議事，這將有助於保持審議委員會的中立性。

五、更改立法院對重大政策的提案權

依據現行公投法第十六條之規定，立法院擁有對重大政策之創制與複決的提案權，且無需審議委員會之審查。同時第十三條還排除行政機關的提案權。這種設計已引發行政院之強烈不滿，並以此為理由之一移請立法院覆議。該覆議案最後雖遭立法院推翻，維持了立法院的原決議，但在本章第二節中，吾人已指出該規定確有不恰當之處。故而無人建議刪除第十三及十六條之規定，改為就重大政策之創制或複決得由行政院提議，並經立法院同意後提出。如此一來，無論是行政院或立法院均不得單獨提出重大政策之創制或複決提案；如果雙方均有意就某一政策交付公民投票，那此時人民等於是被政府邀請擔任行政、立法爭議事項的仲裁者。在這種情形下，完全符合人民當家作主的直接民主本意，筆者以為這是比較合理的設計。

至於，立法院不能主動提案是否會侵犯立法權之完整的疑問，筆者以為我國畢竟不是典型之內閣制國家，類似英國那種由國會提案公投的制度在我國並不可行。因為英國所謂的國會提案即表示行政、立法雙方已在巴力門（Parliament）當中達成協議，所以可以用國會提案的名義遂行公民投票。而我國立法委員依憲法第七十五

---

[33] 此處所謂的最低議決標準是指 $1/2 \times 1/2$ 的情形。亦即在某些團體想要操控議事的狀況下，若其協調勉強超過半數的委員出席，此時若該團體握有超過總數 1/4 的席次，在 1/2 出席的情形下就極容易操控議事。但若該團體席次不足 1/4 則較難單獨操控議事，勢必要與其他團體協商。故而作者建議單一團體所推薦之審查委員會委員人數不宜超過 1/4。

條的規定不得兼任官吏，雖然政府官員依憲法第七十一條規定得列席立法院陳述意見，但不得參與表決。因此，立法院的決議只能代表立法機關單方面的意見，這與英國國會的決議代表行政、立法雙方議決意見的情形是大異其趣的。所以我國現行公投法第十六條的規定確有不妥，應依前述建議予以修正。

六、刪除防禦性公投

現行公投法第十七條有關總統得提出與國家安全事項相關的防禦性公投，確實可以說是我國公投法獨創的公投形式，而且在2004年總統大選時也舉行了歷史性的一次「防衛公投」。可是該項公投卻充滿了政治爭議，引發台灣政局的動盪。對此吾人以為實無必要繼續保留該項公投形式，因為如果國家遇上外力之威脅且足以致使國家主權發生改變之危機，總統自可依據憲法增修條文第二條第三項所賦予之緊急命令權進行處置。若謂當情勢演變至必須發布緊急命令才得以處置時，可能會有緩不濟急，來不及凝聚國人抵抗外力之意志的情事發生。不過，筆者以為即使是在此種情形下，若依吾人前項建議將政府提案的公投形式修改為由行政院提議，經立法院同意之後交付公民投票，則一樣可以達成透過公投以凝聚國人抗敵意志的目的，但卻不會發生現在這種由總統一人即可決定要舉行防禦性公投的弊端，自亦可避免政治爭議。故而，吾人建議在公投法進行修正時，應該刪除第十七條的規定，以使我國公投法制更趨健全。

其他有關公民投票的提案人數限制以及公投案的通過標準等問題，筆者認為這些都是仁智互見的問題，學理上並無絕對的標準，因此這些問題可交付立法院修法時由各黨團進行協商決定。筆者深切期盼立法院的立委諸公能以我國民主制度的健全發展為念，為我國真正建立一套進步、可行的公投法，達成實質的民主深化目標。

第六章 結論

　　公民投票在當代民主理論和民主制度中有漸受重視的趨勢，特別是第三波民主化的國家對公民投票的理論和制度都相當的重視並且以此方式來解決部分有關國家主權或族群的問題。此外，即使是在一些民主發展已臻成熟的國家也不乏以公民投票方式來解決難解的主權獨立或國體的問題，前者如加拿大的魁北克議題，後者如澳大利亞聯邦（The Commonwealth of Australia）的維持參與大英國協（The Commonwealth of Nations，俗稱 The British Commonwealth of Nations）或改為共和（Republic）體制的議題。這些實例都顯示出自 1980 年以來，直接民主的理論與制度在當代民主政治發展中具有相當大的重要性。不過，這並不表示公民投票的直接民主方式是一種完美無缺的民主理論與制度，事實上我們必須了解公民投票的制度與理論至今仍非民主政治理論與制度中的主流觀念，它仍被視為彌補代議政治之不足的一種輔助制度而非取代代議民主。巴特勒與蘭尼（David Butler and Austin Ranney）說：「民主論者們拒絕極端的代議民主和直接民主論調，同時他們也堅定地認為某些直接民主的形式可以彌補代議民主的不足，但絕非完全的取代代議民主[1]」。筆者十分的認同巴特勒和蘭尼此言，因為如果吾人過度強調直接民主的正面價值的確會給當代民主政治帶來破壞性的傷害，可是過度的強調直接民主的負面作用，也的確會造成政府決策與民意差距加大以致人民與政治疏離的後果。而無論是對民主的戕害或人民的疏離，均非民主制度的初衷。故而如何調和直接民主與代議民主形成

---

1 David Butler and Austin Ranney, *Referendums Around the World* (Washington, D. C.: The AEI Press. 1994), p. 21.

可以操作得民主形式遂成爲近代政治學中的一大課題。

我國民主政治的發展過程中也存在直接民主與代議民主的衝突與矛盾，早在孫中山的學說裡就存在著對直接民主的肯定和對代議民主的不信任，孫先生此種理念也注入我國憲法當中。可是，無論是制憲者或執政掌權者長久以來對直接民主制度並無信心，以致我國行憲至今雖早已超過半個世紀，可是並未眞正落實直接民主的制度，直到2003年底才勉強通過了「公民投票法」[2]，但該法卻是漏洞百出，本書對這些問題已在前面做過深入的討論。

經過本書前面各章的討論與分析後，在本章中吾人將以研究發現與檢討建議兩節分別做出本書的結論。

第一節 研究發現

根據本書對公民投票之理論與實踐的研究，筆者有以下之發現：

第一、有關公民投票在概念和定義上都相當的分歧與模糊，這個現象不僅出現在中文名詞使用上，在英文的名詞或其他語文的名詞使用中，也都有同樣的情形。

在中文的使用上，創制、複決與公民投票、住民自決有混用的現象，但也有試圖作出區分的努力，但這種區分無論在理論上或政治實務的運作上，有意或無意的被忽略，導致論者在討論時會發生混亂的情形。這種混亂情形不但使理解產生差異性，更可能會產生議題討論中的誤解。

---

2 參見附錄。

　　在英文的使用上多少也有同樣的情形，所謂 plebiscite 與 referendum 亦有混用的情形，不過在美國學者近二十年的努力下，此一情形已有改善。一般來說，凡屬討論體制規範內的公民投票，均以 referendum 稱之；屬於體制外的公民投票則以 plebiscite 稱之。所謂體制內、外則以是否有法律的依據爲區分標準。至於歐洲可謂是公民投票理論與實踐的主要討論與實驗場域，無論是體制內或體制外的公民投票均有實踐的紀錄，不過近年來德語系國家，特別是德國基本上不存在所謂體制外的公民投票，所以統一用 Volksabstimmung[3] 來表達公民投票這個複雜且多義的概念。當然德文裡也有無法律拘束力之公民投票的概念，但基本上是指諮詢性公投（Volksbefragung）[4]。就本研究之發現，諮詢性公投這種頗富爭議性的公民投票形式，其實不見得都是體制外的，亦即即使諮詢性公投不具法律的強制拘束力，但它的舉行可以是有法律依據的，當然也存在無法律依據的體制外諮詢性公投。而德國自威瑪憲法以來，即同意諮詢性公投的存在，不過自基本法訂定後即不同意全國性的公投，所以現存之諮詢性公投屬地方性質且具法律的依據。奧地利雖同意全國性公投，但均屬體制內性質。瑞士是公投制度實施最多且範圍最廣的國家，但是均爲法律允許的範疇。所以嚴格的說，在瑞士並不存在所謂體制外的公投。至於其他亞、非、拉丁美洲的自決性公投均屬國際（或原殖民母國）授權的公投性質，而且大都曇花一現地在獨立後即不再存在公民投票制度或是不再有公投的紀錄[5]。

---

3 蘇永欽，<創制複決與諮詢性公投—從民主理論與憲法的角度探討>，《憲政時代》，第二十七卷，第二期，民國90年10月，頁22。

4 同前註，頁24-25。

5 David Butler & Austin Ranney eds., *Referendums Around The World: the Growing Use of Direct Democracy* (Washington, D. C.: AEI Press, 1994), Appendix, pp. 266-284.

其次，所謂的公民投票中的「公民」，也有一定程度的混亂。在政治學或憲法學裡，基本上「公民」、「國民」、「人民」等概念所指涉的意義是不同的。所謂「國民」係指稱依據國籍法具有該國國籍者之總稱；「公民」係指稱國民當中具有公民權的國民，所以國民的範圍較公民的範圍來得廣。至於「人民」（people）基本上是政治學的名詞，其所指涉的概念係指構成一個國家（或政治系統）的成員之總稱，有時亦專門指稱被統治者。與此類似的還有「住民」（residence）等概念，一般在憲法學的討論中比較不使用此一概念。

而公民投票的概念裡所運用的「公民」概念卻在「公民」與「人民」之間有混淆的情形。嚴格的說，既然公民投票概念使用「公民」一詞，那自然應該僅指稱在一定範圍內具有公民權者方為行使權利的主體。然而實際上公民投票的「公民」在某些特殊情況下，成為權利主體的卻是「人民」或「住民」。析論之，凡屬體制內的公民投票因具有法律依據，因此大抵是以「公民」為權利行使的主體；體制外的不具法律依據的公民投票卻是以「人民」或「住民」為權利行使的主體。這類公民投票為正本清源起見，應稱之為「人民投票」（或住民自決）比較精確，但事實上無論在理論或政治實務上，均未見嚴格之區分，導致名詞使用上與語意使用上的混亂。

本書建議在名詞使用上應該區分體制內的「公民投票」與體制外的「人民投票」[6]，如此才不會發生概念使用上的困擾。至於創制、複決是否有必要與公民投票作出區隔，筆者的看法為，基本上這三組概念是不一樣的層次概念，亦即公民投票是一個總體概念，

---

6 為防止人民投票遭誤解成一般對「人」的投票，亦可將「人民投票」稱之為「住民投票」。

具有一定的多樣性；創制、複決則是公民投票概念中的次類概念，不能與公民投票概念混同。

第二、公民投票的類型化分類十分的混亂與複雜，導致議題討論時易發生焦點的模糊，以至於難以產生通則（generalizations），更遑論理論（theory）的建構。故而嚴格的從方法論的角度來說，在政治學或比較憲法學裡是否存在所謂公民投票的理論？實不無疑問。因此本書嘗試著做以下的分類，期盼能對公民投票的類型化，做一嘗試性的努力，以期對精確的公民投票理論的建構有所助益。本書建議公民投票的分類如表6-1：

表6-1　公民投票分類表

性質	歸類	備註
（甲）體制外公民投票（plebiscite）	甲-1：主權公投（住民自決） 　甲-1.1：主動創制 　甲-1.2：被動複決	1.包括領土的分割、讓渡、兼併或交換。 2.無法律依據
	甲-2：制憲公投 　甲-2.1：主動創制 　甲-2.2：被動複決	無法律依據
	甲-3：公共政策公投 　甲-3.1：主動創制 　甲-3.2：被動複決	無法律依據
	甲-4：諮詢性公投 　甲-4.1：主動的諮詢性公投 　甲-4.2：被動的諮詢性公投	無法律依據
（乙）體制內公民投票（referendum）	乙-1：修憲公投 　乙-1.1：修憲創制（人民主動創制） 　乙-1.2：修憲複決（人民被動複決修憲案）	依憲法或其他相關法律之規定舉行

（續）表6-1　公民投票分類表

性質	歸類	備註
（乙）體制內公民投票（referendum）	乙-2：法律案公投 　乙-2.1：全國性法律創制案 　乙-2.2：全國性法律複決案 　　1.人民主動複決 2.人民被動複決 　乙-2.3：地方性法律創制案 　乙-2.4：地方性法律複決案 　　1.人民主動複決 2.人民被動複決	依憲法或其他相關法律之規定舉行
	乙-3：公共政策公投 　乙-3.1：主動創制 　乙-3.2：被動複決	依憲法或其他相關法律之規定舉行
	乙-4：諮詢性公投 　乙-4.1：主動的諮詢性公投 　乙-4.2：被動的諮詢性公投	依憲法或其他相關法律之規定舉行

資料來源：作者自製

前項分類基本上是運用兩類三個層次的類型建構法所建立的類型，其中兩個大類的分類係以法律依據的有無為標準，亦即有法律依據的稱為「體制內公民投票」（referendum）；無法律依據的稱為「體制外公民投票」（plebiscite）。如果加上本節第一項有關公民投票的名詞使用的建議，那麼「體制外公民投票」亦即甲類應稱做「人民投票」（plebiscite）或住民自決；「體制內公民投票」亦即乙類應稱做「公民投票」（referendum）。而所謂三個層次則是指甲、乙兩類各有四個次類，每個次類又有二至四個次類，故共有兩類三個層次的分類類型。

　　第三、有關「體制外的公民投票」，亦即「人民投票」（或稱住民自決）在理論上以及實務上均存在很大的爭議。一如本書前面各章所說，公民投票無論在理論上或政治實務上，多少都會帶給人們一些不安與焦躁，其實這個說法與「體制外的公民投票」有著一定的關聯性。因為使用這種公民投票的時機往往都是當政治系統存在

極大的內在或外在環境上的衝突，而且使用這種公民投票形式的案
例，往往都牽涉到民族自決或新國家建立、新憲法制定等極富政治
爭議性的議題，而這些政治議題又往往會牽動政治社群內部的團結
與國家認同的衝突。因此，在處理上稍有不慎就會導致內亂或外患
的發生。此外，這類公民投票的合法性與合憲性存在著極大的問
題，在法理上頗難周延。因為超越法律規範的政治行為本質上就存
有疑義，如果再涉及超越現有的法規範並且摧毀現有的法秩序，即
使以「天賦人權」或「國民主權」予以辯護，恐亦難周全。部分論
者以「天賦人權」做為人民擁有體制外公投權利的理論基礎，從表
面來看十分具有理想性，也頗為符合民主的原始理念，但是「天賦
人權」絕非是一種明確的概念，更不是一種有堅實基礎的論證依
據。因為何謂「天」？在本質上這是一個玄學問題而非科學問題，
它根本無法定義，也無事實根據。試想：有人類歷史以來誰能證明
「天賦人權」確實存在？又該人權的範圍為何？又其具體項目是什
麼？這些問題根本無解。所以以「天賦人權」做為體制外公投的權
利基礎，客觀的說，在動員群眾和凝聚政治運動的支持力量上或許
可以產生相當大的效果，但在科學的邏輯論證基礎上卻是十分薄弱
的。

　　至於「國民主權」恐怕更是難以自圓其說，因為如果部分國民
決定推翻國家或者不承認現存之國家，恐已非屬「國民」之範疇，
既非該國國民又何來主權之擁有？這裡面的邏輯矛盾絕非口舌之爭
即能說明清楚。至於「住民自決」固然有「民族自決」理論做為基
礎，但民族自決在國際政治裡實際上是國際強權鬥爭的結果展現，
殖民國家是否自願的賦予殖民地「住民自決」權，除非是當事國之
間的協議，或者是基於殖民國內政上的需要，否則是否能順利的完
成「住民自決」？實在不無疑問。東帝汶的公投自決或許就是一個
最佳例證。

　　其次，在「體制外公民投票」範圍內的有關公共政策與諮詢性的公投，因其不具備法律的依據，即使舉辦了這類公投，並且產生明確之結果，但因它缺乏法律的依據，該結果並不能獲得必然實現的保證。此時這類公民投票所製造的問題，恐怕比它想要解決的問題更多。正所謂：「千杯解愁，愁更愁」；治絲益棼可以說是此情此景之最佳寫照。更何況這類公民投票對正常之代議政治的功能極具破壞性，連帶的也使得責任政治原則裡的政治責任完全被破壞掉。等而下之的是，政客們如果存心把人民拉進行政與立法的政治鬥爭漩渦裡的話，那理論上應做為國家主權主體的人民就有可能淪落為政治鬥爭裡的工具，這種不堪與困窘，恐非民主之原意吧！

　　本書認為，「體制外公民投票」應屬於政治的範疇，它不應該被納入正常的公民投票的概念裡討論。不過吾人亦必須說明，做為一種政治手段或政爭工具，同時也做為一種人民抵抗不合理政治控制的反抗工具，吾人似不應完全否認「體制外公民投票」的存在事實以及它可能有的價值，不過吾人亦須了解此種政治性的工具對整個國家和政治社群實具有相當大的衝擊性，因此一股腦的歌誦或反對「體制外公民投票」恐均非理性之舉，只有全面性的與本質性的理解才可能對此有正確的認知。

　　第四、有關「體制內的公民投票」應該是一般所謂公民投票理論與實務所討論的主要對象，所以巴特勒與蘭尼等人才選擇以referendum做為他們研究的題目，而且自1978年以來始終維持這個使用方式[7]。這表示以plebiscite來敘述公民投票理論與實務不僅有貶抑之嫌，且會造成很大的理論建構上的困境。本書的觀點是，如果把非體制內的公民投票亦納入公民投票理論與實務的討論中，不僅是會造成公民投票的污名化，也確實會妨礙公民投票理論的建構

---

7 David Butler & Austin Ranney, op. cit., p. 1, and preface, p. ix.

與實務的推展，尤其會造成公民投票法制化工作的困難。

　　體制內的公民投票基本上是一個具有多樣性的集合概念，它具有許多的次概念，一如本節第二項所做的乙類的分類。在這個概念下它可以各種的形式組合後表現出來。以瑞士爲例，瑞士聯邦所設計的公民投票種類繁多，大至憲法的創制修憲案、複決修憲案，法律的創制與駁回型、廢止型、強制的法律複決案，小至地方性的公共政策的諮詢性公投，幾乎全部都包含了。只不過這些公投的形式全部爲法律所規範。所以吾人可以說，基本上沒有什麼公投不能做，但它們必須是法律所允許的。沒有法律依據的公民投票不是不能存在，只是它的後遺症實在太大。所以除非是在民主發展已經達到一定成熟水準的國家，或者是非經由此種形式的公投來解決政治爭議不可，否則還是以有法律規範的體制內公民投票爲宜。

　　第五、公民投票在本質上是爲了彌補代議政治之不足，尤其是爲防止立法懈怠所設計的一種行使政治權利的方式，所以它是一種直接民主的形式。它的行使必須是非經常性的，也最好是被動的仲裁性質。當然公民投票也可以由人民主動的行使，但它既是人民主動行使的形式，就必須是人民自發性的。比較容易引發爭議的是，在人民主動的啓動公民投票程序時，政黨往往會介入主導。此時即會引發此類公投到底是人民主導還是政黨主導的質疑。不過，因爲政黨是一種由人民組成的政治性團體，所以是可以從中主導這類的公投。況且組織人民群衆、凝聚人民意見並代爲表達人民意見，這本來就是政黨的主要功能[8]。所以如果說要禁止政黨去組織與主導人民發動公民投票，不但政治實務上做不到，理論上也無此必要。不過即使允許政黨介入人民發動的公民投票，也無論如何不能允許

---

8 Gabriel A. Almond & G. B. Powell, Jr., *Comparative Politics: System, Process, and Policy*, 2nd. ed.（Boston: Little, Brown and Company, 1978）, pp. 14-19.

由政府機關來主導。因為在政府機關主導的公投過程中，人民的角色性質應屬被動的仲裁者，而不能成為政府的政爭工具。同樣的道理，在諮詢性公投的過程中，人民本質上應該是在行政與立法互相制衡的過程中，於必要時出面當仲裁者或者是被諮詢者，絕不能成為行政或立法機關單方面的的政爭工具。

總之，公民投票基本上應該是一種由人民直接行使的政治權利，因此不宜由政府機關直接掌控和運用。政府的行政或立法機關可以在彼此都同意以公投做為解決矛盾的最後手段時才可以發動公投，絕對不可以用公投把人民拉進政爭的漩渦當中，或者是以公投形式來逃避應該負起的政治責任。

第六、有關公民投票最常被提出來的問題之一就是公民投票應否有法源依據的問題，對此論者有許多立場不同的爭論，各自堅持立場，很難有定論。其實在本書的研究中吾人發現，公民投票確實不必以具有法源依據為必要條件，但是有法源依據的公民投票確實要比無法源依據的公民投票較不會引發爭議，其結果也比較受到尊重與保障。甚至於吾人發現，就連公投結果只是供政府機關參酌的諮詢性公投，具有法源依據的諮詢性公投也比無法源依據的諮詢性公投要具有更大的參考效力。所以吾人可以說，有法律依據的公民投票是較無法源依據者能產生更大、更穩定的效力，但公民投票並不必然須具備有法律的依據。所以在本書中，吾人將有法律依據的公民投票稱之為「體制內的公投」，而將無法律依據的公民投票稱之為「體制外的公投」。這就是說兩者都存在，只是看各個設計公民投票制度的國家要如何去取捨。故而，如果吾人要去尋找公民投票應否有法律依據的標準答案，該標準答案恐怕根本就不存在。因為在本質上這是一個選擇題，而不應該是一個是非題。

第七、我國「公民投票法」雖然已於2003年底完成了立法工

作，爲我國的民主政治完成了一項奠基的工程。然而因爲在立法過程中摻雜了太多的選舉考量，導致現行的公投法充斥著矛盾以及窒礙難行之處。這些立法瑕疵不僅使得公投法漏洞百出，甚至會使得該法根本無法實行，形成一種「形式有法，實質無法」的窘況，因此立即修法已經是當務之急。在本書第五章中，筆者已明確地指出我國公投法的缺失之處，並且針對這些缺失提出了建議。甚盼立法院能儘速進行修法，以使我國能眞正擁有一部可資遵循的公投法。

第二節　檢討與建議

本書基於前面各章對公民投票的分析與討論，針對公民投票此一主題以及我國「公民投票法」的修法工作，提出下列的建議：

第一、對於公民投票之類型化，政治學界應建立普遍接受的類型概念，以做爲理論界與政治實務界討論或做政策辯論的依據。這個意見從表面上來看，似乎只是學術界的見解，對政治實務界的影響有限。其實不然。就以我國的情況爲例，幾十年來我國對公投制度的建立即有非常大的爭議，反對者的意見幾乎是將公民投票概念完全等同於「體制外公投」；相對的，支持公投制度的論者卻又完全忽視「體制外公投」，而以「體制內公投」爲立論的基點。雙方的討論幾乎沒有交集，因此產生一種「支持者恆支持之，反對者恆反對之」的現象。而今公投法雖已完成立法工作，然而實際上前述的現象並未改善多少。所以筆者認爲至少在政治學界裡吾人必須建立一套公投類型化的概念，並以此爲學界討論與實務界論辯的基礎，大家對公投類型有一定的概念，至少可以在討論公投議題時不至於產生「雞同鴨講」的怪異現象。在本章第一節中筆者提出了表6-1，就是希望能以這個公投類型的建議做爲一個起步，或許能在

這個基礎上逐步建立起國內公投類型概念的共同基礎。

第二、公民投票的概念不應該被污名化，但也不必將之無限上綱成為解決政治爭議的萬靈丹。它本質上就是一種人民的政治權利，就如同選舉權一樣，它是可以被用來表達民意的喜好，也可以賦予法律或政策必要的依據，同時它也是人民控制政府的一項工具。可是選舉的過程會發生弊端，也會發生所選非人的遺憾；同理，公民投票也會發生一些弊端，也會產生一些問題。但這些問題有賴制度設計時設法減少它的發生，同時找出解決問題的辦法，而不是因噎廢食地放棄公投制度。

第三、公民投票法的範圍到底應該有多大？以世界各國的成例觀之，完全沒有所謂的標準答案，端視各國政治環境的需求和人民的習慣來決定。以歐洲國家來看，有如瑞士與義大利者，其公投範圍極為寬廣，但是瑞士與義大利設計範圍如此寬廣的公民投票種類的原因並不完全相同。要言之，他們如此的抉擇與其政治或人文環境有著密切的關係。而同屬歐洲國家的德國與奧地利，他們的公民投票範圍卻很窄，特別是德國幾乎只有地方性的公投。至於美國與加拿大基本上也採取窄範圍的公民投票制度，特別是美國在聯邦層次至今仍未設計公投的制度。亞洲國家基本上對於公民投票制度也採取較為保留的看法，特別是日本、印度等在亞洲地區是比較有民主傳統的國家，基本上也對公投採取相對保守的態度。由這些國家的成例來看，吾人不難發現各國對公投的態度大有差異，即使設有公投制度，其範圍大小差別也很大。所以所謂公投法的範圍到底應該有多大才合適？老實說，這個問題根本沒有標準答案，必須由各個國家自行就其政治需要與文化背景去做抉擇。不過筆者認為，公投法制化的範圍固然沒有所謂標準答案，但有一些基本的原理卻十分值得我們參酌。

首先，法律只能規範法律可以規範的行為，質言之，有些行為若非為法律所當涉入或所能涉入者自屬不必規範的事項。吾人此項論點乃基於「法律非萬能」的觀點而主張有些社會行為其實不必一定要以法律予以規範，這些行為即使有了法律的規範也未必能夠執行。故而與其做無效的規範不如不規範。當然筆者這個觀點必然會引發不同的看法，因為就一個法治社會而言不應該存在法律規範之外的行為，或者根本不能存在法律無法規範之情事。這種「法律萬能觀」，當然有其一定的理論基礎，筆者也同意在正常的法治國家確實應該是如此。不過問題是真正的「法治國」於當今之世又有幾何？許多發展中國家基本上仍存在著政治力高於一切的情形。況且法律畢竟是人為的創造物，它不可能萬能，即使是在法治國恐怕也必須承認法律有其窮盡之時，政治力在某些時期仍然是會對法律的權威予以制約，導致法律屈從於政治力之下。因而吾人認為公投法只能規範「體制內的公投」，至於「體制外的公投」，就不必也不能予以規範，那個部分只能由政治力去行使它，法律不必去越俎代庖了。這也就是說，有關主權性質的民族自決，或制憲性質的公民投票就由政治力去操作，至於體制外的公共政策與諮詢性質的公投，吾人基本上不建議做這類的公投，不過如果某些國家喜好將此類公投擺在體制外去行使權利，只要多數人民覺得無妨，那倒也可以接受。不過筆者站在比較研究公民投票制度的立場，還是建議應該避免將這類屬於公共政策性質的問題用體制外公投的方式去處理它。

　　「體制內的公投」基本上就是公投法應該規範的公投類型，不過此類公投的種類極其繁多。在本章第一節第二項中，筆者將之歸納為四種次類型。以下就以此四個次類型為綱，分別討論它的法制化問題。

1.有關修憲的公民投票

　　以公投的形式進行修憲，這是許多國家公投制度裡最常見的一

種公投形式，瑞士、義大利、澳洲……這些公投制度的「大國」，幾乎全都設有此類制度，也被認為是公民投票中行使得最成功的一種公投形式，就連奧地利這種並不十分信任公投制度的國家都採用公投形式進行修憲，反而對於法律案和公共政策案的公投十分的保守。可見得公投修憲是極為普遍的一種公投形式。不過吾人必須留意，以公投形式進行修憲必須以憲法規範之，而不能以法律規範的形式來制約修憲行為，特別是在成文憲法的國家更是如此。因為憲法具有最高的法律性質，次位階的法律不能規範修憲層次的議題，這是極其簡明的道理。因此如果要採取公投修憲，一定要在憲法中予以規範。所以我國現行公投法第二條第二項第四款有關憲法修正案之複決的規定應該予以刪除，如此才能符合憲法的法理邏輯，不至於產生違憲疑義。2004年8月中旬的立法院臨時會通過立法委員廖風德等六十一人於同年5月26日所提之＜院總第1607號＞提案，根據該提案第一條以及增列第十二條提議：「中華民國自由地區選舉人於立法院提出憲法修正案…經公告半年，應於三個月內投票複決…」。而民進黨黨團也在2004年8月23日的修憲過程中不惜放棄黨版修憲案，「甚至可考慮支持方向與民進黨一致的版本[9]」，接受國民黨的原始提案，但改為國民黨、民進黨和親民黨的三黨共同提案後，正式通過修正第一條及增列第十二條條文，將公投複決修憲提案的制度列入[10]。該項提案雖然仍有待2000年第六次修憲所規定的修憲程序，選舉國民大會代表進行複決，但筆者以為這個發展基本上是一個值得吾人期待的發展方向，因為只有儘速完成修憲將公投修憲程序入憲，才能解決現行公投法的違憲嫌疑。不過，筆者在此也必須指出，即使是2005年7月之後，「任務型國大」正式完成

9 羅曉荷、林敬殷，＜張俊雄壓陣，不惜放棄黨版＞，《聯合報》，民93年8月24日，A2版。
10 林敬殷，＜修憲案表決表＞，《聯合報》，民93年8月24日，A4版。

並通過立法院修憲提案的複決程序，公投法中有關修憲複決的規定也必須予以刪除，因爲憲法已有明文規定者，除非是補充性之規定，實無須法律再作重複之規定，這是法律體例中非常基本的原則，公投法必須遵守之。

2.有關法律案的公民投票

法律案的公民投票基本上是世界各國公投形式中相當普遍的一種形式，不論是全國性與地方性的法律案，基本上都可以做爲公投的標的。特別是地方性質的法律案更是比全國性的法律案公投來得普遍。不過法律案的公民投票其種類亦極複雜，除了創制與複決兩種形式之外，舉凡駁回型公投、廢止型公投均可做爲一種選擇。也就是說除了已成爲法律的法案可以由公民主動或被動的複決之外，對於正在進行法案三讀程序且極有可能完成立法的法律案，人民應也可發動廢止該項法律案的公民投票。而創制的部分除了我國現行公投法第二條第二項第二款所規定之原則創制之外，由人民直接創制法案，亦即無需再假立法機關之手完成法案的最後立法，應該也可列入公投法修法時的考量。

我國憲法第17、27、123、136各條之規定，我國國民擁有創制複決之權，殆無疑義。惟有關全國性法律事務的創制與複決之權，依憲法第27條之規定係屬由國民大會行使之。惟國民大會於2000年修憲後已改爲「任務型」國大，且召開國民大會之任務並不包含全國性法律事務的創制與複決。依據權利委託行使之主體已然消滅，權利即應歸還原擁有者之法理論之，全國性事務的創制複決權即應歸還全體國民。當然對於此一見解另有論者持不同之看法[11]，此見解認爲「修憲者有意的不規定而排除是項權利的行使」

---

11 楊增暐，＜我國創制複決制度之研究—「創制複決法」草案各項版本之合憲性分析＞，中國 文化大學中山學術研究所碩士論文，民國91年6月，頁54-60。

12，意即，2000年修憲時，修憲者並未將全國性法律的創制複決權繼續交由國民大會行使，亦未言明歸還國民，此即有意排除是項權利之行使。此一見解筆者不能同意，因為2000年筆者以國民大會代表之身分參與第六次修憲，在修憲過程中，除了修憲案、領土變更案的複決以及總統、副總統的罷免案之外，大多數國大代表的看法是將其餘職權交付立法院行使或交還國民行使。此一意旨在修憲確定之前的政黨協商中是明確確認的。筆者當時親自參加數次政黨協商，對此自有一定之了解。因此若謂該次修憲對全國性事務的創制、複決權有意忽略並排除該權利之行使，乃與事實不符。況且依法理而言，國民大會係政權機關，代表全國國民行使政權（憲法第25條），當國民大會的職權作調整之時，除明示保留或移轉行使機關之權限外，應歸還國民，此乃事理之必然。準此以觀，國民大會職權變更之後，就法律案的創制與複決權而言，不論是全國性或地方性法律之創制、複決權，國民皆可依法行使該項權利。更何況在2004年8月23日立法院所通過的修憲提案中已更進一步的廢除了「任務型國大」13，國民大會原有之職權更應該是除了憲法增修條文明示轉移其職權者外，自然歸還給權利的原始擁有者——國民。故而現行公投法第二條第二、三兩項，除第二項第四款之外，其規定是符合法理的。

　　除了有憲法依據的創制、複決權之外，其他形式的法律案公投是否亦能列入公投法的考量範圍，吾人認為可以採取較寬之認定標準。蓋因我國憲法第22條明示：「*凡人民之其他自由及權利，不妨害社會秩序公共利益者，均受憲法之保障。*」故而立法者除非有其他法律案之公投形式有「妨害社會秩序公共利益」之顧慮，否則亦

---

12 同前註，頁59。

13 《聯合報》，民93年8月24日，A4版。

應列入公投法之範疇，以增人民之權利。

3.有關公共政策與諮詢性的公民投票

　　公共政策和諮詢性的公投恐怕是公民投票歷史紀錄中發生頻率較高的公投形式，而且這兩者經常是併合發生，也就是說公共政策的公投經常是以諮詢性公投的形式出現，亦即此項公投的結果僅供政府的行政或立法機關參考而不具任何強制性效果。不過吾人也不要誤會公共政策的公投只能以諮詢性的公投形式展現，事實上公共政策的結果也可以法律案的形式出現，只是它大多數是以諮詢性質來表現。因為公共政策的提出基本上屬於政府行政部門的職權，議會基於監督行政部門的職權，多能在預算的審查或法案審查的過程中予以制衡，以至於雙方可能在政策選擇上發生齟齬，致使政策或法案產生延宕的情形。此時行政或立法部門為使問題獲得解決，或者相信民意將會支持自己的立場，因而發動諮詢性的公投以迫使對方屈從己意。故而公共政策的公投經常是以諮詢性公投的形式出現。

　　諮詢性公投是否需要法律的規範？這一直是公投議題中頗具爭議的問題。本書在第四章的討論已有深入的剖析。在我國公投法的法制化過程中，筆者強烈的建議立法者在處理此一議題時，務必要謹慎從事，為避免無謂的爭執，最好將公共政策的諮詢性公投列入法律的規範範圍之內。亦即當行政與立法部門均同意以諮詢性公投來探求民意時，方得以發動諮詢性公投。該項公投對行政或立法部門雖不具強制性效果，但因為它的舉行具有法律依據，因此自可強化公投結果的正當性。政府行政或立法部門即便最後仍堅持自己的意見而不願遵從公投結果，但相關的政治責任他們是必須自己負責的。所以有法源的諮詢性公投自然是比無法源依據的要好許多。至於會產生法律效果的公共政策公投，因為它大多數是以法律案或預

算案的形式出現，故而以法律案形式予以規範即可。

　　第四、我國公投法在歷經十餘年的猶疑與爭議之後，終於在
2003年底完成立法的工作，在我國民主憲政的發展歷程中，這是一
件值得慶幸的事。不過因為立法過程充滿了對總統大選的選戰考
量，因此不但立法過程倉促，而且還出現了許多的瑕疵，其中部分
瑕疵還會造成公投法的窒礙難行。因此儘速進行修法已經是一件刻
不容緩的事了。

　　目前公投法的瑕疵，除了本書已經討論到的違憲疑義之外，其
他如公投法第十條與十二條的扞格、矛盾，也是必須立刻進行修正
的，否則現行公投法即是無法實踐的虛文。

　　此外，目前公投法對於公民直接提出的創制或複決案基本上是
採取提案與連署的雙重限制，這導致部份論者批評提案門檻過高，
有限制人民行使權利的嫌疑。筆者建議改採單一提案限制即可，至
於提案人數可維持最近一次行政首長選舉選舉人總數的5％以上，
取消連署的限制，以使提案過程簡單化，並且適度降低門檻限制，
以增進人民權益。

　　其次，有關設置公投審議委員會的爭議，筆者建議維持該委員
會的設置，因為除了公民投票事項之認定外，其他無論是審查公投
排除條款的適用範圍或者公投提案是否符合同一事項在一定期限內
不得重行提出的規定，在在都需要一個中立的機關進行審查工作。
所以吾人以為確有設置公投審議委員會的必要性。唯公投法第三十
五條有關審議委員由各政黨依立法院各黨團席次比例推薦，送交主
管機關提請總統任命之規定，確有不當，應於修法時修正為由各政
黨、團體推薦，再由總統提名經立法院同意後任命之，較為妥當。
不過各政黨或團體推薦之人選不得超過總數的四分之一，以維持公
投審議委員會的中立性。

　　第三，有關立法院擁有重大政策之創制或複決的提案權，卻於公投法第十三條中排除行政機關之同等提案權的重大爭議，筆者建議應修改爲對重大政策之創制或複決案，由行政院向立法院提案經立法院同意後交付公民投票較爲合理。

　　第四，有關公投法第十七條所謂的「防衛性公投」或「防禦性公投」，筆者認爲該類公投的設計極易引發政治衝突，故應予刪除。論者或謂刪除此一規定可能會侵犯總統之職權，但筆者以爲包括總統在內的所有憲政機關其職權均應依憲法之規定，不得以法律形式去擴增職權。我國公投法第十七條以法律形式增加總統職權其實已經有違此一規定，再加上2004年「公投綁大選」的政治爭議，吾人由此可知該條規定實在不是一項可行的制度設計。更何況依據我憲法增修條文第二條第三項之規定，總統得發布緊急命令已足以應付國家面臨緊急危難之所需。故而筆者建議刪除公投法第十七條之規定。至於是否可以比照法國第五共和的憲法例，賦予總統一定範圍的公投提案權，但總統卻必須在該提案遭公民否決時辭職，這可以在我國下次修憲時再配合我國中央政府體制的修改進行配套的設計，但無論如何現行公投法第十七條的「防衛性公投」或「防禦性公投」允宜刪除，以維持法理的圓滿和政治的穩定。

　　公民投票法制化工作是一件將公民投票理論制度化的重要工作，它對一個國家的民主政治發展來說，極具重要性。我國在近十餘年的政治改革過程中，對公民投票一直都存在著一種莫名的恐懼感，所以在支持公投和反對公投兩者之間，無論是在公投理論上和政治實踐上都存在著極大的爭議。2004年的總統大選，競逐的雙方在公投法議題上都不願意被競爭對手扣上「反改革」的大帽子，所以雙方所屬的立法院黨團都在公投議題上採取積極配合完成立法的態度，因此公投法在一夕之間扭轉了過去十餘年一直在立法院裡打轉的局面而快速完成了立法工作。這個突然的轉變雖然使得我國公

投法終於完成立法,但倉促的立法過程卻也使得我國公投法充滿瑕疵。這樣的公投法能滿足我國民主政治健全發展之所需嗎?

民主政治在當代政治思潮裡是居於主流的地位,但民主政治發展至今並未出現標準的政治模式,也就是說民主政治制度並沒有所謂絕對的標準,所以民主理論的主張者彼此間存在著一定程度的差異性,民主制度之間也存在著一定程度的差異性。公民投票對民主制度而言是否具有絕對的必要性?從本書的討論中,吾人可以發現,這個問題其實也是沒有標準答案的。亦即,存在公投制度並不能保證民主的必然實踐;相對的,不存在公投制度的民主也不必然就不是民主政治。所以,公民投票並非民主政治的必要條件,可是如果存在健全的公投對人民權利的保障來說,筆者以為確實是比較能夠彰顯民主的基本精神。然而,健全的公投制度是很難周延的予以定義,它必須依靠所有的人民精心的去設計、維護與實踐它。筆者認為,「體制內公投」相對於「體制外公投」更可能發揮公投制度的正面功能,並且降低公投制度的負面影響。所以如何以公投法周延的規範公民投票制度,這是對實踐公投制度的國家和其人民最大的智慧挑戰。

參考文獻

中文書目

Butler, David & Austin Ranney編著,《公民投票的實踐與理論》,初版（台北：韋伯文化,民國91年9月）。

Patemen, Carole原著,朱堅章等合譯,《參與和民主理論》,（台北：幼獅出版社,民國79年9月）。

Setälä, Maja 原著,廖揆祥、陳永芳、鄧若玲翻譯,《公民投票與民主政府》,初版（台北：韋伯出版社,民國92年1月）。

石之瑜,〈壓迫性的自由主義—公民投票的政治涵義與制度之安排〉,《中國戰略學刊》,第一卷,第一期,民國87年6月,頁19-44。

曲兆祥,〈論盧梭與中山先生平等觀之異同〉,《三民主義學報》,第十五期,台北：國立台灣師範大學三民主義研究所,民國81年6月,頁77-90。

行政院編印,《台灣民主發展的臨門一腳：公民投票》,民92年,頁9。

吳巨盟,〈我國首次實施公民投票的意義與展望〉,世新大學民意調查中心2004總統選舉：傳播、策略、方法學術研討會,2004.5.15,表三,P7-9。

吳志光,〈公民投票與司法審查〉,《憲政時代》,第二十七卷,第二期,民國90年4月,頁49-64。

吳烟村,〈公民投票平議〉,《中山人文社會科學期刊》,第三卷,第一期,民國83年6月,頁195-215。

呂亞力,《政治學》,五版（台北：三民書局,民90年）。

宋學文、黃子哲,〈從東帝汶獨立運動探討美國的干預主義：一個霸權穩定論的觀點〉,《問題與研究》,第四十一卷,第三期,民國91年6月,頁83-107。

李念祖,〈從現行憲法規定論創制、複決之種類及其憲法基礎〉,《憲政時代》,第二十七卷,第二期,民國90年4月,頁3-21。

李明峻,〈國際公法與公民投票問題〉,《新世紀智庫論壇》,第二期,民國87年5月,頁65-79。

李俊增，〈公民投票之理論與實踐〉，《憲政時代》，第二十三卷，第一期，
　　民國86年7月，頁35-52。

李炳南、曾建元、林子玄，〈動員戡亂時期臨時條款之制度經驗及其影響〉，
　　《台灣民主季刊》第一卷，第二期，2004年6月，頁95-129。

沈清松，〈社約論導讀〉，收錄於盧梭原著，徐百齊譯，《社約論》，二版
　　（台北：台灣商務印書館，民國89年2月）。

周繼祥，《憲法與公民教育》，初版（台北：揚智文化，民國87年10月）。

林水波，《選舉與公投》（Election and Plebiscite），初版（台北：智勝文化事
　　業有限公司，民國88年7月）。

林如娜，《直接民主理論發展之研究─兼論我國二OO三年公民投票法》，國
　　立台灣師範大學政治學研究所碩士論文，民國93年6月。

林河名，〈公投立法充滿民粹與欺騙─專訪立法委員蘇盈貴〉，《聯合報》，
　　2003年12月1日，A6版。

林治平，《論國民主權原則與民主原則》，國立臺灣大學國家發展研究所碩士
　　論文，民國84年。

林昱奇，《公民投票：社會選擇理論之分析》，中山大學政治學研究所碩士論
　　文，民國86年。

法治斌，〈直接民主 V. 司法審查〉，《憲政時代》，第二十七卷，第二期，民
　　國90年4月，頁64-73。

法律小組編，《公民投票法立法資料彙編》，初版（台北：五南圖書出版公
　　司，民國93年2月）。

社論，〈不飲盜泉之水─不能贊成無法源的公民投票〉，《聯合報》，2003年
　　7月21日，A2版。

邱延正，〈精英民主理論初探〉，《復興崗學報》，第63期，民國87年6月，
　　頁138-139。

孫中山，〈三民主義─民權主義〉，《孫中山全集》，第9卷，1981年8月。

徐永明，〈公投民主與代議民主的關係─以台灣經驗為例〉，《臺灣民主季
　　刊》，第一卷，第二期，2004年6月，頁1-26。

荊知仁，《中國立憲史》，三版（台北：聯經出版社，民國76年2月）。

國立編譯館編著，《西洋政治思想史》，台修訂七版（台北：國立編譯館出
　　版，正中書局印行，民國66年10月）。

張台麟，〈法國第五共和實施公民投票之研究〉，《問題與研究》，第三十九

卷，第十二期，民國89年12月，頁25-40。

張台麟，《法國政府與政治》，初版（台北：五南圖書出版公司，民84年）。

張君勱，《中華民國民主憲法十講》，一版（台北：台灣商務印書館，民60年2月）。

張斌賢，《社會轉型與教育變革─美國進步主義教育運動研究》，（長沙：湖南教育出版社，民國77年3月）。

曹金增，〈公民投票之理論〉，《憲政時代》，第二十八卷，第二期，民國91年10月，頁38-57。

曹金增，《我國公民投票之研究》，中山大學中山學術研究所博士論文，民92年7月。

曹金增，《解析公民投票》，初版（台北：五南圖書出版公司，民93年3月）。

許宗力，〈憲法與公民投票─公投的合憲性分析與公投法的建制〉，《新世紀智庫論壇》，第二期，民國87年5月，頁35-51。

許宗力，《憲法與法治國行政》，初版（台北：元照出版公司，民國88年3月）。

許宗力，〈公民投票入憲的評估與建議〉，《新世紀智庫論壇》，第六期，民國88年6月，頁16-26。

許慶雄，《台灣建國的理論基礎》，初版（台北：前衛出版社，民89年）。

郭秋永，《當代三大民主理論》，（台北：聯經出版社，民國90年12月）。

陳永芳，《公民投票與民主政治之發展：我國實施公民投票之研究》，東海大學政治研究所碩士論文，民國87年。

陳志瑋，〈三二○公投與台灣政治發展分析〉，《台灣民主季刊》，第一卷，第二期2004年6月，頁51-53。

陳英鈐，〈公民投票法的制度設計〉，《台灣民主季刊》，第一卷，第二期，2004年6月，頁73-93。

陳淳文，〈法國公民投票制度簡介〉，《憲政時代》，第二十一卷，第四期，民國85年4月，頁85-109。

陳隆志，〈戰後台灣國際法律地位的演變〉，《台灣主權論述論文集》，（台北：國史館，民國90年12月）。

陳隆志主編，《公民投票與台灣前途─公投研討會論文集》，初版（台北：前衛出版社，民國88年4月）。

陳新民，《中華民國憲法釋論》，四版（台北：作者發行，民90年）。

陳鴻瑜，從東帝汶公民投票論其對台灣之意義〉，《政策月刊》，第五十一期，民國88年10月，頁28-30。

彭堅汶，〈公民投票與台灣地區的憲政發展〉，《中山人文社會科學期刊》，第八卷，第一期，民國89年6月，頁1-34。

湯紹成，〈從直接與間接民權的角度檢視瑞士與法國的公民投票制度〉，《問題與研究》，第三十九卷，第二期，民國89年2月，頁67-78。

湯紹成，〈德國公民投票制度的發展〉，《問題與研究》，第三十八卷，第三期，民國88年3月，頁33-43。

黃克武，〈公民投票與盧梭思想〉，《當代》，第一〇四期，民國83年12月，頁193-207。

黃偉峰，〈由國際經驗看公民投票〉，《新世紀智庫論壇》，第二期，民國87年5月，頁19-34。

楊泰順，《被誤解的國會》，（台北：希代書版公司，民國90年11月）。

楊增暐，《我國創制複決制度之研究—「創制複決法」草案各項版本之合憲性分析》，中國文化大學中山學術研究所碩士論文，民國91年。

葉俊榮，〈台灣第一件公民投票：後勁反五輕「民意調查」觀察報告〉，《國家政策研究季刊》，6期，79年06月，頁136-141。

葉俊榮，〈公民投票在台灣的實踐〉，《新世紀智庫論壇》，第二期，民國87年5月，頁52-64。

葉俊榮，〈公民投票入憲的範圍與必要性〉，《國策月刊》，第八期，民國88年3月，頁12-14。

董保城，〈創制複決法草案與公民投票之探討〉，《憲政時代》，第二十七卷，第二期，民國90年10月，頁93-101。

劉文仕，林昱奇，〈我國公民投票制度之立法取向—以民國九十年行政院版「創制複決法」草案為中心〉，《憲政時代》，第二十七卷，第二期，民國90年10月，頁75-93。

劉慶瑞，《中華民國憲法要義》，自版（台北，民國76年）。

蔡宗珍，《憲法與國家（一）》，初版（台北：元照出版公司，民國93年4月）。

蔡佳泓，〈試析公民投票對政治與政黨體系之影響〉，《台灣民主季刊》，第一卷，第二期，2004年6月，頁27-41。

蔡季廷，《論台灣公民投票之法制化問題—以Robert Dahl民主程序標準為中心》，國立臺灣大學國家發展研究所碩士論文，民國91年。

蔡彥廷，《西方國家公民投票之研究—就法治規範與政治裁量類型析論之》，淡江大學歐洲研究所碩士論文，民國84年。

謝復生，〈公民投票:主權在民的體現或民粹主義的濫用〉，《問題與研究》，第三十五卷，第七期，民國85年7月，頁38-46。

謝登旺，〈民族自決與公民投票初探—兼論臺灣住民自決與波多黎各公民自決〉，《人文與管理學報》，第一卷，第一期，民國86年3月，頁111-136。

鍾凱勳，〈論公民投票法制度化之技術性難題〉，《植根雜誌》，第十七卷，第十一期，民國90年11月，頁15-40。

鍾凱勳，《從權力分立原則論公民投票法制之建構》，台北大學法律學研究所碩士論文，民國90年。

蘇永欽，〈創制複決與諮詢性公投—從民主理論與憲法的角度探討〉，《憲政時代》，第二十七卷，第二期，民國90年10月，頁21-49。

羅曉荷、林敬殷，〈張俊雄壓陣—不惜放棄黨版〉，《聯合報》，民93年8月24日，A2版。

林敬殷，〈修憲案表決表〉，《聯合報》，民93年8月24日，A4版。

立法院，《立法院公報》，第92卷，第54期（3328）（上），民94年。

行政院，院台內字第0920068066號函，民92年12月12日。

行政院在〈院台內字第0920068066號〉送立法院覆議函的說明項。

中國時報，民92年12月20日，第二版。

中國時報，民87年3月8日，第四版。

台灣日報，民86年9月16日，第二十一版。

民生報，民86年8月12日，第十九版。

自立早報，民86年6月4日，第十六版。

自由時報，民92年12月20日，第二版。

聯合報，民83年11月23日，第三版。

聯合報，民84年11月1日，第十三版。

聯合報，民92年12月21日，A2版。

聯合報，民92年9月28日，第四版，取自
http://w6.news.tpe.yahoo.com/2003/9/27/polity/bcc/4278109.html

聯合報，民92年11月28日，第二版。

聯合報，民93年8月16日，A4版。

聯合報,民93年8月24日,A4版。

電訪汐止鎮公所民政課周文祺先生(1998.3.2)。

電訪民雄鄉公所民政課許麗紅小姐(1998.3.4)。

電訪三峽鎮公所民政課詹課長(1998.3.4)。

吳明全,從「拜耳公投事件」看台灣環保戰略,藍色東港溪保育協會電子
　　報。取自 telnet:\\ 140.117.11.4actkr

永康之友通訊第一期(1995.9.1),永康之友─台北市永康社區發展協會電子
　　布告欄。取自 telnet:\\ 140.117.11.4Yung ─ Kang。

李秀容,核四公投反核嗎?核四公投合乎正義嗎?,台灣環境資訊協會─環
　　境資訊中心網頁。取自
　　http://einfo.org.tw/reply/2003/re03043001.htm

核四公投促進會,台北市政府辦理核四公投結果。1998.3.6,取自
　　http://guhy.ee.ntut.edu.tw/~anpp4/result.htm。

聯合報,2002。籲以公民投票掌握國家舵盤。取自
　　http://www.future-china.org/fcn-tw/200208/2002080506.htm/

主權獨立的國家人民、有行使公民投票。取自
　　http://www.taiwanpresident.org/wm070403.htm

行政院,2002。民眾對陳水扁總統「一邊一國」論及公民投票之看法。取自
　　http://www.rdec.gov.tw/res02/show91-102.htm/

行政院,2003。關於行政院研擬訂定全國性公民投票實施要點合憲不違法的
　　說明發言人林佳龍說明資料。取自
　　http://publish.gio.gov.tw/newsc/920626/92062603.html

林佳龍相關發言。取自
　　http://w6.news.tpe.yahoo.com/2003/9/27/polity/bcc/4278109.html

楊明遠,2003。局部性的全民公決,不能高於全體性的全民公決─論台灣全
　　民公決的有效性和以公民權利危機時重構國家合法性。取自
　　http://www.asiademo.org/2003/07/20030725a.htm

張鐵志,2003。台灣公民投票面面觀(上)。取自
　　http://www.asiademo.org/2003/07/20030724b.htm

張鐵志,2003。台灣公民投票面面觀(下)。取自
　　http://www.asiademo.org/2003/07/20030725b.htm

Ettoday 新聞電子報,2003。坪林鄉公投98%票數贊成北宜高開放交流道。取自
　　http://www.ettoday.com/2003/09/13/10844-1512672.htm

記者林佳慧／台北報導，Ettoday 新聞電子報，2003。林佳龍：集集公投和平
　　理性不會有負面影響。取自

　　http://www.ettoday.com/2003/10/04/157-1523259.htm

中廣新聞網，Yahoo 新聞電子報，2003。西湖鄉公投投票率七成五贊成設交
　　流道百分之九十八。取自

　　http://news.yam.com/bcc/life/news/200311/0200311090147.html

記者吳淑萍、王英章、黃耀慶／南投報導，Ettoday 新聞電子報，2003。投縣
　　／1599 人公投，七成贊成「撤換郭瑤琪」官方：遺憾。取自

　　http://www.ettoday.com/2003/11/16/10844-1544558.htm/

TVBS-N 新聞電子報，2004。領票數未過門檻，公投兩題皆遭否決。
　　取自

　　http://www.tvbs.com.tw/news/news_list.asp?no=tzeng20040320233013

英文書目

Achen, Christopher H (1975). 'Mass Political Attitude and Survey Response',
　　American Political Science Review, 69: 1218-37.

Archbold, Claire (1999). 'The Incorporation of Civic and Social Rights in
　　Domestic Law', Paper prepared for the UN University Project on *The United
　　Nations System in the 21st Century: Human Rights*, Princeton University.

Austin, John, David Butler, and Austin Ranney (1987). 'Referendums, 1978-86',
　　Electrol Studies, 6(2): 139-47.

Almond, Gabriel A. & G. B. Powell, Jr (1978). *Comparative Politics: System, Process*,
　　and Policy, 2nd. ed. Boston: Little, Brown and Company.

Barber, Benjamin (1988). 'Participation and Swiss Democracy', *Government
　　and Opposition*, 23(1): 31-50.

Barber, Benjamin (1984). *Strong Democracy: Participatory Politics for a New Age*.
　　CA: University of California press.

Barker, Lynn(1991). 'Direct Democracy and Discrimination: A Public Choice
　　Perspective', *Chicago-Kent Law Review*, 67: 707-35.

Bell, Derrick A. Jr.(1978). 'The Referendum: Democracy Barrier to Racial
　　Equality', *Washington Law Review*, 54: 1-29.

Bennett, Stephen (1998) . '"Know-Nothings" Revisited: The Meaning of

Political Ignorance Today〞, *Social Science Quarterly*, 69: 476-90.

Bowler, Shaun, Todd Donovan, Max Neiman, and Johnny Peel (1999). *Elite Attitudes about Direct Democracy*. Paper presented at the annual meeting of the Western Political Science Association, Seattle.

Brams, Steven D. Marc Kilgour, and William Zwicker (1998). 〝The Paradox of Multiple Elections〞, *Social Choice and Welfare*, 15(2): 211-36.

Brams, Steven D., Marc Kilgour, and William Zwicker (1997). 〝Voting on Referenda: The Separative Problem and Possible Solutions〞, *Social Choice and Welfare*, 16(3): 359-77.

Butler, David & Austin Ranney(eds.) (1994). *Referendum Around the World: the Growing Use of Direct Democracy*. Washington: American Enterprise Institute for Public Policy Research Co.

Butler, David & Austin Ranney (eds.) (1978). *Referendums: A Comparative Study of Practice and Theory*. Washington: American Enterprise Institute for Public Policy Research Co.

Butler, David and Uwe Kitzinger(1976) . *The 1975 Referendum*. London: Macmillan.

Camobreco, John F. (1998). 〝Preferences, Fiscal Policies, and the Initiative Process〞, *Journal of Politics*, 60: 819-29.

Chambers, Simone (1998) . 〝Contract or Conversation？ Theoretical Lessons from the Canadian Constitutional Debate〞, *Politics and Society*, 26(1): 143-72.

Daniel, Smith (1998). *Tax Crusaders and the Politics of Direct Democracy*. NY: Routle.

Derrida, Jacques (1986). 〝Declaration and Independence〞, *New Political Science*, 15: 7-15.

Donovan, Todd, Shaun Bowler, (1998). 〝Direct Democracy and Minority Rights: An Extension〞, *American Journal of Political Science*, 42: 1020-5.

Eisgruber, Christopher L (2001). *Constitutional Self-Government*. Cambridge Massachusetts: Harvard University press.

Ernest, Barker ed (1947). *Social Contract: Essays By Locke, Hume and Rousseau*. London: Oxford University Press.

Eule, Julian (1990). 〝Judicial Review of Direct Democracy〞, *Yale Law Review*,

99: 1500-27.

Finer, S. E. (ed.) (1975). *Adversary Politics and Electoral Reform*. London: Anthony Wigram.

Fowler, Gerald (1974). *House of Commons*, col. 1743.

Frey, Bruno, and Lorenz Goette (1998). ˊDoes the Popular Vote Destroy Civil Right?ˊ, *American Journal of political science*, 42: 1343-8.

Gallagher, Michael & Pier Vinceuzo Uleri (eds.) (1996). *The Referendum Experience in Europem*. NY: St. Martin's Press.

Galligan, Brian (1999). ˊThe Republican Referendum: A Defense of Popular Senseˊ, *Quadrant*, 43: 46-52.

Galligan, Brian (1998). ˊThe Constitutional Convention I: The Republic Modelˊ, *Quadrant*, 42(4): 17-21.

Gamble, Barbara (1997). ˊPutting Civil Rights to a Popular Voteˊ, *American Journal of Political Science*, 41: 245-69.

Gerber, Elizabeth (1996). ˊLegislative Responsiveness to the Threat of Popular Initiativesˊ, *American Journal of Political Science*, 40: 99-128.

Held, David (1996). *Models Of Democracy*, 2nd ed. California: Stanford University Press Co.

Hirsch, Alan (winter 2002). ˊDirect Democracy and Civic Maturationˊ *Hastings Constitutional Law Quarterly*, Vol. 29, pp. 185-202.

Hirsch, Allen (2002). ˊDirect Democracy and Civic Maturationˊ, *Hastings Constitutional Law Quarterly*, 29: 185-92.

Kang, Michael S (2003). Democratizing Direct Democracy: Restoring Voter Competence Through Heuristic Cues And "Disclosure Plus", *50 UCLA Law Review*. pp. 1141-88.

Lascher, Edward L., Michael Hagen, and Steven Rochlin (1996). ˊGun Behind the Door-Ballot Initiatives, State Policies and Public Opinionˊ, *Journal of politics*, 58(3): 760-75.

Mendelsohn, Matthew & Andrew Parkin (eds.) (2001). *Referendum Democracy: Citizens, Elites and Deliberation in Referendu Campaigns*. NY: Palgrave.

Miller, David (1992). ˊDeliberative Democracy and Social Choiceˊ, *Political Studies*, XL: 60-74.

Miller, Kenneth P. (1999). *The Role of the Courts in the initiative Process: A Search for Standards*. Paper presented at the meeting of American Political Science Association, Atlanta.

Ranney, Austin & Willmoore Kendall (1956). *Democracy and the American Party System*. NY: Horcourt.

Rappard, William E. (1912). 'The initiative, Referendum and recall in Switzerland', *American Political Science Review*, 6(3): 345-66.

Schumpeter, Joseph A (1950). Capitalism, Socialism and Democracy, 3rd. ed. NY: Haper & Row.

Smith, Daniel (1999). *The Initiative to Party: The Pole of Political Parties in State Ballot Initiatives*. Paper presented at the annual meeting of the Western Political Science Association, Seattle.

Smith, Gordon (1976). 'The Functional Properties of the Referendum', *European Journal of Political Research*, 4(1): 31-45.

Smith, Mark A. (1999). *Ballot Initiatives, Voter Interest, and Turnout*. Paper presented at the annual meeting of the Western Political Science Association, Seattle.

Steunenberg, Bernard (1992). 'Referendum, Initiative, and Veto Power', *Kyklos*, 45(4): 501-29.

Sunstein, Cass (1984). 'Naked Preferences and the Constitution', *Columbia Law Review*, 84: 1689-733.

Swaine, Michael (2004). 'Trouble in Taiwan', *Foreign Affairs*, 83(2): 39-49.

US Congress, Senate Committee on judiciary (1977). *Voter Initiative Constitutional Amendment*, hearings before the subcommittee on the constitution of S. J. Res. 67, 95th Congress, 1st session.

Van Mill, David (1996). 'the Possibility of Rational Outcomes from Democratic Discourse and Procedures', *Journal of Politics*, 58(3): 734-52.

Walker, Geoffrey de Q. (1988). 'The People's Law: Initiative and Referendum', *University of Queensland Law Journal*, 15(1): 33-45.

附錄

公民投票法（民國 92 年 12 月 31 日 公發布）

第一章　總則

第1條　依據憲法主權在民之原則，爲確保國民直接民權之行使，特制定本法。本法未規定者，適用其他法律之規定。

第2條　本法所稱公民投票，包括全國性及地方性公民投票。

全國性公民投票適用事項如下：

一、法律之複決。

二、立法原則之創制。

三、重大政策之創制或複決。

四、憲法修正案之複決。

地方性公民投票適用事項如下：

一、地方自治法規之複決。

二、地方自治法規立法原則之創制。

三、地方自治事項重大政策之創制或複決。

預算、租稅、投資、薪俸及人事事項不得作爲公民投票之提案。

公民投票事項之認定，由公民投票審議委員會（以下簡稱審議委員會）爲之。

第3條　全國性公民投票之主管機關爲行政院；地方性公民投票之主管機關爲直轄市政府、縣（市）政府。

各級選舉委員會於辦理公民投票期間，得調用各級政府職員辦理事務。

第4條　公民投票，以普通、平等、直接及無記名投票之方法行之。

第5條　辦理公民投票之經費，分別由中央政府、直轄市政府、縣（市）政府依法編列預算。

第6條　本法所定各種期間之計算，準用公職人員選舉罷免法第四條第二項及第五條之規定。

第二章　提案人、連署人及投票權人

第7條　中華民國國民，年滿二十歲，無下列情事之一者，有公民
　　　投票權：

　　　一、褫奪公權尚未復權。

　　　二、受禁治產宣告尚未撤銷。

第8條　有公民投票權之人，在中華民國、各該直轄市、縣（市）
　　　繼續居住六個月以上，得分別爲全國性、各該直轄市、縣
　　　（市）公民投票案之提案人、連署人及投票權人。

　　　提案人年齡及居住期間之計算，以算至提案提出日爲準；
　　　連署人年齡及居住期間之計算，以算至連署人名冊提出日
　　　爲準；投票權人年齡及居住期間之計算，以算至投票日前
　　　一日爲準，並均以戶籍登記資料爲依據。

　　　前項投票權人年齡及居住期間之計算，於重行投票時，仍
　　　以算至原投票日前一日爲準。

第三章　公民投票程序

第一節　全國性公民投票

第9條　公民投票案之提出，除另有規定外，應由提案人之領銜人
　　　檢具公民投票案主文、理由書及提案人正本、影本名冊各
　　　一份，向主管機關爲之。

　　　前項領銜人以一人爲限；主文以不超過一百字爲限；理由
　　　書以不超過一千五百字爲限。超過字數者，其超過部分，
　　　不予公告及刊登公報。

　　　第一項提案人名冊，應依規定格式逐欄填寫，並分直轄
　　　市、縣（市）、鄉（鎮、市、區）別裝訂成冊。

　　　公民投票案之提出，以一案一事項爲限。

第10條　公民投票案提案人人數，應達提案時最近一次總統、副總
　　　統選舉選舉人總千分之五以上。

　　　審議委員會應於收到公民投票提案後，十日內完成審核，
　　　提案不合規定者，應予駁回。審核期間並應函請戶政機關

於七日內查對提案人名冊，及依該提案性質分別函請立法院及相關機關於收受該函文後一個月內提出意見書。

前項提案經審核完成符合規定者，審議委員會應於十日內舉行聽證，確定公民投票案之提案內容。並於確定後通知提案人之領銜人於十日內向中央選舉委員會領取連署人名冊格式，自行印製，徵求連署；逾期未領取者，視為放棄連署。

第11條　公民投票案於中央選舉委員會通知連署前，得經提案人總數二分之一以上同意，由提案人之領銜人以書面撤回之。

前項撤回之提案，自撤回之日起，原提案人於三年內不得就同一事項重行提出之。

第12條　第二條第二項第一款、第二款、第三款之事項，連署人數應達提案時最近一次總統、副總統選舉選舉人總數百分之五以上。

公民投票案連署人名冊，應由提案人之領銜人，於領取連署人名冊格式之次日起六個月內，向中央選舉委員會提出；逾期未提出者，視為放棄連署。

公民投票案依前項或第十條第三項規定視為放棄連署者，自視為放棄連署之日起，原提案人於三年內不得就同一事項重行提出之。

第13條　除依本法規定外，行政機關不得藉用任何形式對各項議題辦理或委託辦理公民投票事項，行政機關對此亦不得動用任何經費及調用各級政府職員。

第14條　主管機關於收到公民投票提案，經審查有下列情事之一者，應於十五日內予以駁回：

一、提案不合第九條規定者。

二、提案人有第十一條第二項規定之情事或未簽名、蓋章，經刪除後致提案人數不足者。

三、提案有第三十三條規定之情事者。

四、提案內容相互矛盾或顯有錯誤，致不能瞭解其提案真意者。

公民投票案經審查無前項各款情事者，主管機關應將該提案送請各該審議委員會認定，該審議委員會應於三十日內將認定結果通知主管機關。

公民投票案經前項審議委員會認定不合規定者，主管機關應予駁回；合於規定者應函請戶政機關於十五日內查對提案人。

戶政機關應依據戶籍登記資料查對提案人名冊，有下列情事之一者，應予刪除：

一、提案人不合第八條規定資格者。

二、提案人姓名、戶籍地址書寫錯誤或不明者。

三、提案人未填具本人國民身分證統一編號或有錯誤、不明者。

四、提案人提案，有偽造情事者。

提案人名冊經查對後，其提案人數不足第十條規定時，主管機關應通知提案人之領銜人於十日內補提，補提後仍不足規定人數或逾期不補提者，該提案應予駁回。

提案合於本法規定者，主管機關應依該提案性質分別函請相關立法機關於收受該函文後六個月及行政機關於收受該函文後三個月內提出意見書；逾期未提出者，視為放棄。

意見書以三千字為限，超過字數者，其超過部分，不予公告及刊登公報。主管機關彙集相關機關意見書後，應即移送各該選舉委員會。

主管機關除依前項規定分函相關機關外，應將提案移送各該選舉委員會辦理公民投票事項。

選舉委員會收到提案後，應通知提案人之領銜人於十日內向各該選舉委員會領取連署人名冊格式，自行印製，徵求連署；逾期未領取者，視為放棄連署。

第15條 選舉委員會收到連署人名冊後，經審查連署人數不足、經刪除未簽名或蓋章之連署人致連署人數不足或未依規定格式提出者，應於十日內予以駁回；合於規定者，應函請戶政機關查對，全國性公民投票案應於四十五日內查對完

成；直轄市、縣（市）公民投票案應於三十日內查對完成。

戶政機關應依據戶籍登記資料查對連署人名冊，有下列情事之一者，應予刪除：

一、連署人不合第八條規定資格者。

二、連署人姓名、戶籍地址書寫錯誤或不明者。

三、連署人未填具本人國民身分證統一編號或有錯誤、不明者。

四、連署人連署，有偽造情事者。

連署人名冊經查對後，其連署人數合於第十二條第一項規定者，選舉委員會應於十日內爲公民投票案成立之公告，該公民投票案並予編號；連署人數不合規定者，選舉委員會應通知提案人之領銜人於十五日內補提，補提後仍不足規定人數或逾期不補提者，選舉委員會應爲公民投票案不成立之公告。

第16條　立法院對於第二條第二項第三款之事項，認有進行公民投票之必要者，得附具主文、理由書，經立法院院會通過後，交由中央選舉委員會辦理公民投票。

立法院之提案經否決者，自該否決之日起三年內，不得就該事項重行提出。

第17條　當國家遭受外力威脅，致國家主權有改變之虞，總統得經行政院院會之決議，就攸關國家安全事項，交付公民投票。

前項之公民投票不適用第十八條關於期間之規定及第二十四條之規定。

第18條　中央選舉委員會應於公民投票日二十八日前，就下列事項公告之：

一、公民投票案投票日期、投票起、止時間。

二、公民投票案之編號、主文、理由書。

三、政府機關針對公民投票案提出之意見書。

四、公民投票權行使範圍及方式。

中央選舉委員會應以公費，在全國性無線電視頻道提供時段，供正反意見支持代表發表意見或進行辯論，受指定之

電視臺不得拒絕。其實施辦法,由中央選舉委員會定之。

前項發表會或辯論會,其爲全國性公民投票案應在全國性無線電視頻道至少舉辦五場。

第19條 中央選舉委員會應彙集前條公告事項及其他投票有關規定,編印公民投票公報,於投票日二日前送達公民投票案投票區內各戶,並分別張貼適當地點。

第20條 創制案或法律、自治條例之複決案於公告前,如經立法機關實現創制、複決之目的,通知選舉委員會者,選舉委員會應即停止公民投票程序之進行,並函知提案人之領銜人。

第21條 公民投票案成立公告後,提案人及反對意見者,經許可得設立辦事處,從事意見之宣傳,並得募集經費從事相關活動,但不得接受下列經費之捐贈。其許可及管理辦法,由中央選舉委員會定之:

一、外國團體、法人、個人或主要成員爲外國人之團體、法人。

二、大陸地區人民、法人、團體或其他機構,或主要成員爲大陸地區人民之法人、團體或其他機構。

三、香港、澳門居民、法人、團體或其他機構,或主要成員爲香港、澳門居民之法人、團體或其他機構。

四、公營事業或接受政府捐助之財團法人。

前項募款人應設經費收支帳簿,指定會計師負責記帳保管,並於投票日後三十日內,經本人及會計師簽章負責後,檢具收支結算申報表,向中央選舉委員會申報。

收支憑據、證明文件等,應於申報後保管六個月。但於發生訴訟時,應保管至裁判確定後三個月。

中央選舉委員會對其申報有事實足認其有不實者,得要求檢送收支憑據或證明文件。

中央選舉委員會於收受收支結算申報四十五日內,應將申報資料彙整列冊,並刊登政府公報。

第22條 公民投票應在公投票上刊印公民投票案編號、主文及同意、不同意等欄,由投票人以選舉委員會製備之工具圈定

之。投票人圈定後不得將圈定內容出示他人。

第23條　在公民投票案投票所或開票所有下列情事之一者，主任管
　　　　理員應會同主任監察員令其退出：

一、在場喧嚷或干擾勸誘他人投票或不投票，不服制止者。

二、攜帶武器或危險物品入場者。

三、有其他不正當行為，不服制止者。

公民投票案投票人有前項情事之一者，令其退出時，應將
其所持公民投票之票收回，並將事實附記於公民投票投票
權人名冊該投票權人姓名下。其情節重大者，並應專案函
報各該選舉委員會。

第24條　中央選舉委員會應於公民投票案公告成立後一個月起至六
　　　　個月內舉行公民投票，並得與全國性之選舉同日舉行。

第25條　公民投票投票權人名冊之編造、公告閱覽、更正、投票、
　　　　開票及有效票、無效票之認定，準用公職人員選舉罷免法
　　　　第二十條至第二十三條、第二十六條、第二十九條、第三
　　　　十條、第五十條之一、第五十七條至第六十條、第六十二
　　　　條、第六十四條之規定。

公民投票案與全國性之選舉同日舉行投票時，其投票權人
名冊，與選舉人名冊分別編造。

第二節　地方性公民投票

第26條　公民投票案應分別向直轄市、縣（市）政府提出。

直轄市、縣（市）政府對於公民投票提案，是否屬地方自
治事項有疑義時，應報請行政院認定。

第27條　公民投票案提案人數，應達提案時最近一次直轄市長、縣
　　　　（市）長選舉選舉人總數千分之五以上。

公民投票案連署人數，應達提案時最近一次直轄市長、縣
（市）長選舉選舉人總數百分之五以上。

第28條　公民投票案之公告、公投票之印製、投票權人名冊之編
　　　　造、公告閱覽、更正、公民投票公報之編印、投票、開票
　　　　及有效票、無效票之認定，準用第十八條至第二十五條之
　　　　規定。

第29條 公民投票案提案、連署應附具文件、查核程序及公聽會之
　　　舉辦，由直轄市、縣（市）以自治條例定之。

第四章　公民投票結果

第30條 公民投票案投票結果，投票人數達全國、直轄市、縣（市）
　　　投票權人總數二分之一以上，且有效投票數超過二分之一
　　　同意者，即為通過。
　　　投票人數不足前項規定數額或未有有效投票數超過二分之
　　　一同意者，均為否決。

第31條 公民投票案經通過者，各該選舉委員會應於投票完畢七日
　　　內公告公民投票結果，並依下列方式處理：
　　　一、有關法律、自治條例立法原則之創制案，行政院、直
　　　　　轄市政府、縣（市）政府應於三個月內研擬相關之法
　　　　　律、自治條例提案，並送立法院、直轄市議會、縣
　　　　　（市）議會審議。立法院、直轄市議會、縣（市）議會
　　　　　應於下一會期休會前完成審議程序。
　　　二、有關法律、自治條例之複決案，原法律或自治條例於
　　　　　公告之日算至第三日起，失其效力。
　　　三、有關重大政策者，應由權責機關為實現該公民投票案
　　　　　內容之必要處置。
　　　四、有關憲法修正案之公民投票，應依憲法修正程序為之。

第32條 公民投票案經否決者，各該選舉委員會應於投票完畢七日
　　　內公告公民投票結果，並通知提案人之領銜人。

第33條 公民投票案之提案經通過或否決者，自各該選舉委員會公
　　　告該投票結果之日起三年內，不得就同一事項重行提出。
　　　但有關公共設施之重大政策複決案經否決者，自投票結果
　　　公告之日起至該設施完工啟用後八年內，不得重行提出。
　　　前項之同一事項，包括提案之基礎事實類似、擴張或減縮
　　　應受判斷事項者。
　　　前項之認定由審議委員會為之。

第五章　公民投票審議委員會

第34條　行政院應設全國性公民投票審議委員會，審議下列事項：
　　　　一、全國性公民投票事項之認定。
　　　　二、第三十三條公民投票提案是否爲同一事項之認定。

第35條　行政院公民投票審議委員會，置委員二十一人，任期三
　　　　年，由各政黨依立法院各黨團席次比例推荐，送交主管機
　　　　關提請總統任命之。
　　　　主任委員由委員互選之，審議委員會之組織規程及審議規
　　　　則，應送立法院備查。

第36條　前條委員會議，由主任委員召集之。
　　　　開會時應有全體委員過半數之出席始得開議；議案之表
　　　　決，以出席委員過半數之同意爲通過；可否同數時，取決
　　　　於主席。

第37條　直轄市政府、縣（市）政府應設地方性公民投票審議委員
　　　　會，審議下列事項：
　　　　一、地方性公民投票事項之認定。
　　　　二、第三十三條公民投票提案是否爲同一事項之認定。
　　　　前項委員會委員，應包括學者專家及當地各級民意代表，
　　　　其組織及審議程序，由直轄市政府、縣（市）政府擬訂，
　　　　送議會備查。

第38條　直轄市、縣（市）公民投票審議委員會之決定，應函送行
　　　　政院核定。行政院對該事項是否屬地方性公民投票事項有
　　　　疑義時，應提經行政院公民投票審議委員會認定之。

第六章　罰則

第39條　辦理公民投票期間，意圖妨害公民投票，對於公務員依法
　　　　執行職務時，施強暴、脅迫者，處五年以下有期徒刑。
　　　　犯前項之罪，因而致公務員於死者，處無期徒刑或七年以
　　　　上有期徒刑；致重傷者，處三年以上十年以下有期徒刑。

第40條　公然聚眾，犯前條之罪者，在場助勢之人，處三年以下有

期徒刑、拘役或科新臺幣三十萬元以下罰金；首謀及下手
實施強暴、脅迫者，處三年以上十年以下有期徒刑。

犯前項之罪，因而致公務員於死者，首謀及下手實施強
暴、脅迫者，處無期徒刑或七年以上有期徒刑；致重傷
者，處五年以上十二年以下有期徒刑。

第41條 以強暴、脅迫或其他非法之方法，妨害他人為公民投票案
之提案、撤回提案、連署或投票，或使他人為公民投票案
之提案、撤回提案、連署或投票者，處五年以下有期徒
刑。

前項之未遂犯罰之。

第42條 自選舉委員會發布公民投票案投票公告之日起，對於有投
票權之人，行求期約或交付賄賂或其他不正利益，而約其
不行使投票權或為一定之行使者，處一年以上七年以下有
期徒刑，得併科新臺幣六十萬元以上六百萬元以下罰金。

預備犯前項之罪者，處一年以下有期徒刑。

預備或用以行求期約或交付之賄賂，不問屬於犯人與否，
沒收之；如全部或一部不能沒收時，追徵其價額。

犯第一項或第二項之罪，於犯罪後六個月內自首者，減輕
或免除其刑；因而查獲提案人為共犯者，免除其刑。

犯第一項或第二項之罪，在偵查中自白者，減輕其刑；因
而查獲提案人為共犯者，減輕或免除其刑。

第43條 辦理公民投票期間，有下列行為之一者，處五年以下有期
徒刑，併科新臺幣五十萬元以上五百萬元以下罰金：

一、對於該公民投票投票區內之團體或機構，假借捐助名
義，行求期約或交付賄賂或其他不正利益，使其團體
或機構之構成員，不為提案、撤回提案、連署或投
票，或為一定之提案、撤回提案、連署或投票者。

二、以賄賂或其他不正利益，行求期約或交付公民投票案
提案人或連署人，使之不為提案、撤回提案、連署或
投票，或為一定之提案、撤回提案、連署或投票者。

預備犯前項之罪者，處一年以下有期徒刑。

預備或用以行求期約或交付之賄賂，不問屬於犯人與否，沒收之；如全部或一部不能沒收時，追徵其價額。

第44條　意圖漁利，包攬第四十二條第一項或前條第一項各款之事務者，處一年以上七年以下有期徒刑，得併科新臺幣五十萬元以上五百萬元以下罰金。前項之未遂犯罰之。

第45條　公民投票案之進行有下列情事之一者，在場助勢之人，處一年以下有期徒刑、拘役或科新臺幣十萬元以下罰金；首謀及下手實施者，處五年以下有期徒刑：

一、聚眾包圍公民投票案提案人、連署人或其住、居所者。

二、聚眾以強暴、脅迫或其他非法之方法，妨害公民投票案提案人、連署人對公民投票案之進行者。

第46條　意圖妨害或擾亂公民投票案投票、開票而抑留、毀壞、隱匿、調換或奪取投票匭、公投票、投票權人名冊、投票報告表、開票報告表、開票統計或圈選工具者，處五年以下有期徒刑。

第47條　將領得之公投票攜出場外者，處一年以下有期徒刑、拘役或科新臺幣一萬五千元以下罰金。

第48條　在投票所四週三十公尺內喧嚷、干擾或勸誘他人投票或不投票，經警衛人員制止後仍繼續為之者，處一年以下有期徒刑、拘役或科新臺幣一萬五千元以下罰金。

第49條　違反第二十二條第二項規定或有第二十三條第一項各款情事之一，經令其退出而不退出者，處二年以下有期徒刑、拘役或科新臺幣二十萬元以下罰金。

第50條　將公投票以外之物投入票匭，或故意撕毀領得之公投票者，處新臺幣五千元以上五萬元以下罰鍰。

第51條　募款人違反第二十一條第一項第一款至第三款規定接受捐贈者，處五年以下有期徒刑；違反第一項第四款規定接受捐贈者，處一年以下有期徒刑、拘役或科新臺幣十萬元以下罰金。

犯前項之罪者，其接受捐贈所得財物沒收之；如全部或一部不能沒收時，追徵其價額。

募款人違反第二十一條第二項規定不依規定申報或違反第四項規定檢送收支憑據或證明文件者，處新臺幣十萬元以上五十萬元以下罰鍰，並限期申報或補正，逾期不申報或補正者，得按次連續處罰。

募款人對於經費之收入或支出金額，故意為不實之申報者，處新臺幣五十萬元以上二百五十萬元以下罰鍰。

第52條 行政機關首長或相關人員違反本法第十三條規定者，處六個月以上、三年以下有期徒刑：並得就行政機關所支之費用，予以追償。

第53條 犯本章之罪，其他法律有較重處罰之規定者，從其規定。

辦理公民投票事務人員，假借職務上之權力、機會或方法，以故意犯本章之罪者，加重其刑至二分之一。

犯本章之罪或刑法分則第六章之妨害投票罪，宣告有期徒刑以上之刑者，並宣告褫奪公權。

第七章　公民投票爭訟

第54條 公民投票若涉及中央與地方職權劃分或法律之爭議或其他之行政爭議，應依大法官釋憲或依行政爭訟程序解決之。

公民投票訴訟之管轄法院，依下列之規定：

一、第一審公民投票訴訟，由公民投票行為地之該管高等行政法院管轄，其行為地跨連或散在數高等行政法院管轄區域內者，各該高等行政法院均有管轄權。

二、不服高等行政法院第一審裁判而上訴、抗告之公民投票訴訟事件，由最高行政法院管轄。

第55條 全國性或地方性公民投票案經審議委員會否決者，領銜提案人於收到通知後三十日內，得依行政爭訟程序提起救濟。

前項案件經審議委員會核定，屬全國性者，立法委員現有總額三分之一以上，屬地方性者，各該直轄市、縣 （市）議會議員現有總額二分之一以上，認有違憲或違法之情事，於決定作成後六十日內，得依行政爭訟程序提起救濟。

有關公共設施重大政策之公民投票案，該設施之設置或管

理機構亦得提起前項救濟。

受理訴願之機關或行政法院得依職權或聲請爲暫時停止舉辦投票之裁決。

第56條　各級選舉委員會辦理公民投票之投票違法，足以影響公民投票結果，檢察官、公民投票案提案人之領銜人，得自投票結果公告之日起十五日內，以各該選舉委員會爲被告，向管轄法院提起公民投票投票無效之訴。

第57條　公民投票無效之訴，經法院判決無效確定者，其公民投票之投票無效，並定期重行投票。其違法屬公民投票之局部者，局部之公民投票投票無效，並就該局部無效部分定期重行投票。但局部無效部分顯不足以影響結果者，不在此限。

前項重行投票後，變更投票結果者，依第三十一條之規定辦理。

第58條　辦理公民投票期間，意圖妨害公民投票，對於行使公民投票權之人或辦理公民投票事務人員施以強暴、脅迫或其他非法方法，足以影響投票結果者，檢察官得於投票結果公告之日起十五日內，以該管選舉委員會爲被告，向管轄法院提起公民投票案通過或否決無效之訴。

公民投票案之通過或否決，其票數不實足以影響投票結果者，檢察官、公民投票案提案人之領銜人，得於投票結果公告之日起十五日內，以該管選舉委員會爲被告，向管轄法院提起確認公民投票案通過或否決之訴。

第一項公民投票案通過或否決無效之訴，經法院判決無效確定者，其公民投票案通過或否決無效，並定期重行投票。

第二項公民投票案通過或否決確認之訴，經法院判決確定，變更原投票結果者，主管機關應於法院確定判決送達之日起七日內，依第三十一條之規定辦理。

第59條　投票權人發覺有構成公民投票投票無效、公民投票案通過或否決無效之情事時，得於投票結果公告之日起七日內，檢具事證，向檢察官舉發之。

第60條　公民投票訴訟不得提起再審之訴；各審受理之法院應於六
　　　　個月內審結。

第61條　公民投票訴訟程序，除本法規定者外，適用行政訴訟法之
　　　　規定。

　　　　高等行政法院實施保全證據，得囑託地方法院為之。

　　　　民事訴訟法第一百十六條第三項之規定，於保全證據時，
　　　　得準用之。

第八章　附則

第62條　本法所定罰鍰，由各該選舉委員會處罰；經通知限期繳
　　　　納，逾期不繳納者，依法移送強制執行。

第63條　本法施行細則，由行政院定之。

第64條　本法自公布日施行。

公民投票理論與台灣的實踐

著　　　者／曲兆祥

出　版　者／揚智文化事業股份有限公司

發　行　人／葉忠賢

總　編　輯／林新倫

執行編輯／姚奉綺

登　記　證／局版北市業字第1117號

地　　　址／台北市新生南路三段88號5樓之6

電　　　話／(02)23660309

傳　　　真／(02)23660310

劃撥帳號／19735365　戶名：葉忠賢

法律顧問／北辰著作權事務所　蕭雄淋律師

印　　　刷／鼎易印刷事業股份有限公司

初版一刷／2004年10月

ＩＳＢＮ／957-818-677-0

定　　　價／新台幣320元

E-mail／service@ycrc.com.tw

國家圖書館出版品預行編目資料

公民投票理論與臺灣的實踐 / 曲兆祥著. — 初版.
  — 臺北市 : 揚智文化, 2004 [民 93]
  面 ; 公分
  參考書目 : 面
  ISBN 957-818-677-0 (平裝)

  1. 公民投票 2. 政治 — 臺灣

573.63   93016977